世界史

历史书系

现代史

鞠长猛◎著

山西出版传媒集团 三晋出版社

图书在版编目（CIP）数据

极简世界史．现代史 / 鞠长猛著 . -- 太原：三晋
出版社, 2024. 8. -- ISBN 978-7-5457-3064-7

Ⅰ . K109

中国国家版本馆 CIP 数据核字第 2024AX9512 号

极简世界史·现代史

著　　者：鞠长猛
责任编辑：周瑞程

出 版 者：山西出版传媒集团·三晋出版社
地　　址：太原市建设南路 21 号
电　　话：0351—4956036（总编室）
　　　　　0351—4922203（印制部）
网　　址：http://www.sjcbs.cn

经 销 者：新华书店
承 印 者：三河市同力彩印有限公司

开　　本：787mm×1092mm　1/16
印　　张：12
字　　数：138 千字
版　　次：2024 年 8 月第 1 版
印　　次：2024 年 8 月第 1 次印刷
书　　号：ISBN 978-7-5457-3064-7
定　　价：68.00 元

如有印装质量问题，请与本社发行部联系　电话：0351—4922268

目录

目录

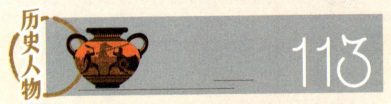

历史人物 113

HISTORY

时代背景

军事激荡中孕育的现代文明

虽然世界现代史（1917—1945）只有短短 28 年，但却烽火漫天、杀声四起，充斥着纵横交错的国际关系、盘根错节的社会矛盾、持续不断的暴力冲突。这是一个血与火的时代，欧洲列强刚刚走出第一次世界大战的阴影，心里却埋藏着各种遗憾与不甘。赢得战争的英法俄，遗憾自己赢得不够漂亮；输了战争的德奥意，心里满是不服气，时刻盘算着杀个回马枪，一雪前耻。贪婪、暴怒、傲慢、恐惧慢慢滋生、聚集，经过一次又一次酝酿，人性的罪恶再次把世界拖入一场子弹横飞、血流成河的世界大战之中。20 亿人真正感受到了空前的绝望与末日般的浩劫。奥斯威辛集中营、南京大屠杀，无数惨绝人寰的血腥篇章不断上演，各国人民的生命财产损失难以估量。

在这 28 年中，欧洲出现了严重分裂，原本微妙的国际关系更加复杂，尔虞我诈，钩心斗角。这种分裂始于一场我们熟悉的革命——十月革命。1917 年，第一次世界大战结束前夕，北方的俄国一声炮响，在坚硬的欧洲资本主义世界中炸开一道口子。列宁领导的布尔什维克战胜了资产阶级组建的临时政府，建立了苏维埃政权，创造了一种全新的社会制度——社会主义制度。很快，欧洲帝国主义对新制度开始产生恐惧，甚至超越了对"一战"战败国的仇恨。英法美日放下私心，派遣军队从四面八方围拢过来，企图把新生政权扼杀在摇篮之中。但是，此时的苏俄人民已经不再是不堪一击的沙皇臣民，他们在列宁的领导下骁勇善战、奋勇无比，接连粉碎了三次武装干涉，保卫了年轻的共和国和社会主义政权。在尝试了扼杀、封锁等一系列措施后，西方世界默认了苏维埃政权的存在，但无时无刻不进行着激烈的竞争、无声的渗透和蓄意挑衅，直到"二战"爆发，英法才团结苏联共同打击邪恶的法西斯势力。

在西欧和南欧地区，英法德意各怀鬼胎，他们之间的矛盾也在日积月累。英国认为自己应该主宰战后的欧洲，法国却跳出来阻拦，因为法国觉得自己在战场上牺牲更多、贡献更大，理应获得老大地位。法国想要严厉地惩罚德国，英国便立刻反对，因为英国觉得德国重建能够为英国带来经济利益，还能牵制法国国力的恢复和发展。而德国始终坚信，如果没有国内此起彼伏的革命羁绊，没有意大利和奥匈帝国两个"损队友"的拖累，自己一定能够赢得"一战"的胜利，重新定义世界殖民体系的新秩序。从 20 世纪 20 年代开始，英法两国在明争暗斗中损耗着各自的实力，他们幻想着德国能够吸取战败的教训，从此安心遵守由他们主导的欧洲秩序。为了吓唬和防御德国人，法国甚至不惜耗费 12 年时间、花费 50 亿法郎打造了一条 280 千米长的"马其诺防线"，以求用碉堡和地堡隐藏的大炮、机枪震慑德国军队，达到"不战而屈人之兵"的效果。英国也幻想凭借英吉利海峡阻隔不列颠与欧洲大陆，这样，即使德国强大了，也不会危及英国的国家利益。殊不知，在德国沸腾的民怨之下，一个性格孤僻、心狠手辣、歇斯底

里的"一战"退伍伤兵希特勒脱颖而出,成了民众心中的大英雄。他写了一本《我的奋斗》,让德国人热血沸腾。他废寝忘食地四处演讲,为急于报仇雪恨的民众勾勒出一幅美丽的未来画卷:"优等民族"德意志人统治世界,"劣等民族"犹太人和波兰人被赶尽杀绝,英法两国臣服于德国,辅佐德国统治整个欧洲甚至世界。在希特勒的煽动之下,德国民众开始变得躁动甚至癫狂,制造坦克、飞机和火炮成为打破政治枷锁的必要手段,屠杀和掠夺犹太人成为一种"正确"的行为。终于,在1939年9月1日德国坦克组成的钢铁洪流闪击波兰,第二次世界大战爆发,欧洲乃至全世界陷入一片火海之中,伦敦保卫战、苏联卫国战争、敦刻尔克大撤退等一系列经典战役轮番上演。

在东方,日本经过明治维新和多次侵略战争,国力日益强大。在"岛国心态"作祟下,日本把侵略矛头对准了资源丰富的中国。法西斯化的日本暴露出可怕的狼子野心,一场有预谋的战争在中国打响。在广大的太平洋地区,被小小胜利冲昏了头脑的日本军国主义分子向整个世界叫板,偷袭珍珠港、占领东南亚各国、袭击大洋洲,彻底激怒了全世界人民。在反法西斯联盟的联合打击之下,日本军国主义败下阵来。1945年在广岛和长崎上空爆炸的原子弹"胖子"和"小男孩"成为压死日本法西斯的最后一根稻草。

在传统列强争斗和厮杀之时,美国经历了"大萧条"和罗斯福新政,经济上已经超越了欧洲,只等一场战争发生,便会逆袭实现身份上的"转正"。备受西方剥削的亚非拉国家人民在寻找着民族独立的道路。历史上曾经无比辉煌的土耳其,在近代没落下来,成了列强眼中的"西亚病夫"。民族先锋穆斯塔法·凯末尔·阿塔图尔克临危受命，用先进的思想改造了落后的社会，让土耳其重新赢得了国际社会的尊重。在非洲，虽然埃塞俄比亚人民没有摆脱被意大利殖民的命运，但非洲人民正在觉醒。他们用一次次的反抗告诉殖民者，非洲虽然贫困落后，但通过不懈努力定能掌握自己的命运。拉美国家局势虽然动荡，但他们仍不断探寻着适合自己的发展道路，墨西哥革命、阿根廷改革、尼加拉瓜反美游击战……每次斗争都是一次勇敢的探索。

战争带来了灾难，同时也推动着人类科技的快速发展。经历过"排犹"浪潮的爱因斯坦成为人类历史上最伟大的科学家之一。他用狭义相对论和广义相对论颠覆了牛顿的绝对时空理论，让我们相信时间可以"倒流"，我们可以"穿越时空"。"二战"中，艾伦·麦席森·图灵等科学家对计算机技术的发展作出了重大贡献，为人类在"二战"之后迈入信息化时代打下了坚实的基础。

回顾世界现代史28年的历程，我们看见了人类最凶残的战争、最丑陋的种族灭绝、最卑鄙的偷袭与侵略，同时也看见了科学技术、文化艺术的不断进步。我们要铭记这段历史，让它成为人类文明进步之路上的警世钟和里程碑，勉励人们远离战争，追求美好生活。

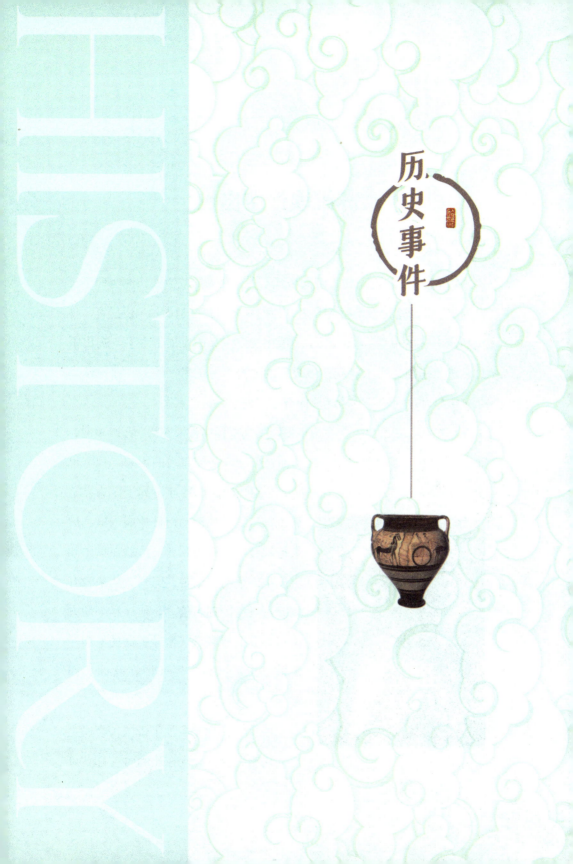

历史事件

HISTORY

苏维埃横空出世

19世纪末20世纪初,俄国出现了一位伟大的政治家,他叫列宁。"列宁"并非这位政治家的真名,他的真名叫弗拉基米尔·伊里奇·乌里扬诺夫。1899年,他出版了《俄国资本主义的发展》一书,提出了许多进步思想,为了躲避沙俄政府的追查,他把名字改为"弗拉基米尔·伊里奇·列宁",从此他便有了"列宁"这个名字。

1870年,列宁出生在今天俄罗斯的乌里扬诺夫斯克市。他17岁时,哥哥亚历山大因为参与刺杀沙皇而被处死。受到哥哥的影响,列宁也走上了革命道路,决心推翻沙皇的专制统治。1895年,列宁因为在圣彼得堡组织工人运动而被逮捕入狱,后来他被流放到西伯利亚。虽然在狱中和流放中的生活很艰苦,但列宁从来没有放弃过自己的理想信念。他想尽一切方法与外界取得联系,指导革命的发展。流放结束后,列宁便开始在欧洲长期流亡。

1903年,列宁参加了俄国社会民主工党代表大会,会议在比利时首都布鲁

▲列宁

塞尔举行。会上，列宁阐述了自己的思想，得到了大多数人的拥护和少数人的反对。从此，社会民主工党内部便产生了两个派别，支持列宁的被称为"布尔什维克"（"多数派"的意思），不支持列宁的被称为"孟什维克"（"少数派"的意思）。后来布尔什维克成为一个独立的政党和一种新的政治思潮，也是"列宁主义"形成的标志。

1905年，列宁短暂返回俄国领导革命，革命失败后再次流亡海外，时间长达十几年之久。等他再次回来时，一场影响整个世界历史发展进程的大革命——十月革命正在酝酿。

1917年，第一次世界大战已经接近尾声，但战争还在激烈地进行着，"同盟国"和"协约国"在战场上进行着殊死搏斗。沙俄在战场上的巨大损失和国内食品短缺令民众充满了厌战情绪，各地罢工和起义不断，沙皇的统治摇摇欲坠。1917年3月8日至12日，工人和士兵联合发动了二月革命，推翻了统治俄国长达304年的罗曼诺夫王朝，结束了君主专制统治。

二月革命中，俄国工人和士兵发挥了重要作用，因此革命成功后，他们组织了自己的领导机构——苏维埃，掌握着实际权力。虽然资产阶级并没有掌握实权，但他们组成了临时政府，在舆论方面占据优势。这样，俄国出现了苏维埃与临时政府并立的局面。

在这关键时刻，列宁于1917年4月16日从瑞士秘密返回圣彼得堡，他要带领工人和士兵夺回主动权。4月17日，列宁在布尔什维克大会上作了《论无产阶级在这次革命中的任务》（又称《四月提纲》）的报告，分析了当前的形势，要求放弃幻想，从临时政府手中夺回权

力，建立无产阶级专政的苏维埃政权。有一部分布尔什维克并不认可列宁的观点，他们迷信地认为必须首先完成资本主义革命才能进入社会主义，不能在社会演进中进行"跳跃式"发展。为了扭转这种错误观点，列宁没日没夜地写文章、做演讲、搞宣传，短短三个月的时间，他出版了 150 多种作品。功夫不负有心人，列宁的观点终于得到布尔什维克的普遍认可。

临时政府继续参与第一次世界大战，企图通过战争来摆脱政权危机。但他们急于获得军功，不断在前线冒进，导致接连在战争中失败。面对布尔什维克组织的大规模反战运动，临时政府坚决进行血腥镇压，布尔什维克的工作不得不转入地下。列宁被迫离开圣彼得堡，转移到俄国与芬兰交界的拉兹里夫湖边，继续领导革命。

在湖边，列宁搭建了一座简陋的草棚。草棚有个厨房：两个树杈架起一根木头，上面挂着一口小锅。草棚前有一块空地，放着两个树墩，一个当桌子，一个当凳子。列宁风趣地把这里称为"绿色办公室"。他在这里仔细阅读彼得格勒出版的每一种报纸，分析革命形势，写出一篇又一篇的战斗檄文，源源不断地送往革命地区，指导着革命的进程。

革命队伍在不断扩大。到 1917 年 10 月底，圣彼得堡工人赤卫队的人数已经达到数万人，圣彼得堡戍边部队和波罗的海舰队也加入革命队伍。此时，布尔什维克拥有 20 多万军人、50 多万后备力量，还掌握了军火库以及 10 万支步枪等武器。万事俱备，只欠东风，一场伟大的革命呼之欲出。

眼看形势不妙，1917 年 11 月 5 日夜晚，临时政府决定先发制人。

11月6日，他们下令逮捕布尔什维克领导人，占领新闻机构、印刷厂、重要桥梁，切断苏维埃总部斯莫尔尼宫的电话线。布尔什维克立刻召开会议，准备发动起义，全面反击。

11月6日上午10点，起义军夺回新闻机构和9座桥梁，恢复了斯莫尔尼宫的通讯。波罗的海舰队的"阿芙乐尔号"巡洋舰驶入涅瓦河，在临时政府所在地冬宫抛锚，随时准备开火。晚上11点，列宁从隐匿地点返回斯莫尔尼宫，加入战斗之中。

11月7日上午，临时政府总理乘坐美国大使馆的汽车逃离圣彼得堡，剩下的部长们龟缩在冬宫之中负隅顽抗。下午6点，起义军包围了冬宫，向临时政府发出最后通牒。晚上9点45分，在多次交涉无果后，"阿芙乐尔号"鸣响了进攻的号角，起义军冲入冬宫，与临时政府的军队短兵相接。经过4个多小时的浴血奋战，8日凌晨2点10分战斗结束，临时政府的部长们全部束手就擒。

冬宫正在进行激烈战斗的时候，苏维埃在斯莫尔尼宫召开"全俄工兵代表苏维埃第二次代表大会"。在得到起义胜利的消息后，会场一片欢呼雀跃。列宁郑重宣布：临时政府已经被推翻，全国政权归苏维埃。随后，列宁当选为主席，公布了《和平法令》和《土地法令》，决定退出第一次世界大战，废除地主土地私有制，"一切土地归劳动者所有"。11月9日清晨，这次大会胜利闭幕，它宣告了世界上第一个无产阶级专政的社会主义国家的成立。

由于俄国当时使用古老的"儒略历"，与我们现在使用的公历有较大的差异，11月7—9日在"儒略历"中是10月25—27日。因此，

▲〔苏联〕班季柯夫·A.C.《占领冬宫》

▲〔苏联〕谢洛夫·В.А.《列宁宣布苏维埃政权成立》

这次革命被称为"十月革命"。

十月革命意义重大，它是人类历史上第一次获得胜利的社会主义革命，它产生了世界上第一个社会主义国家。它的胜利沉重打击了帝国主义的统治，推动了国际社会主义运动的发展，鼓舞了殖民地半殖民地人民的解放斗争。中国的革命道路也深受十月革命影响，毛泽东在1949年曾经说过："十月革命一声炮响，给我们送来了马克思列宁主义。"

席卷世界的疫情

1918 年，世界上许多人都感染了一种极其可恶的病毒，它的名字叫作"西班牙流感"。

"西班牙流感"虽然冠名为西班牙，但西班牙着实冤枉。1918 年的欧洲仍处于"一战"期间，所有参战国都实行了新闻管制，不允许各媒体报道一切可能有损于前线士气的事情，"大流感"也在管控之中。整个欧洲，只有中立国西班牙不受束缚，媒体可以自由报道国内的流感情况。后来，随着战争接近尾声以及疫情的严重，各国媒体也开始报道自家的流感情况。只是因为西班牙最先报道，而且其国王也感染了这一流感，其他国家就认为这次大流感是从西班牙蔓延开来的。就这样，西班牙一直"背锅"到现在。

病毒是一种非常古老而又结构简单的微小非细胞生物。它们无处不在，却没办法独立生存，只能"寄人篱下"。病毒个体微小，质量很轻，能够在人们近距离接触时随着空气的流动飘到别人身上，并通过口腔、鼻腔进入人的体内。正因为它们太小了，所以只有通过实验室里的电子显微镜才能看清它们的模样。

但 1918 年电子显微镜还没有出现，所以没有人知道"病毒"是什么，也不知道它长得什么样子，人们只知道还有比细菌更小的颗粒

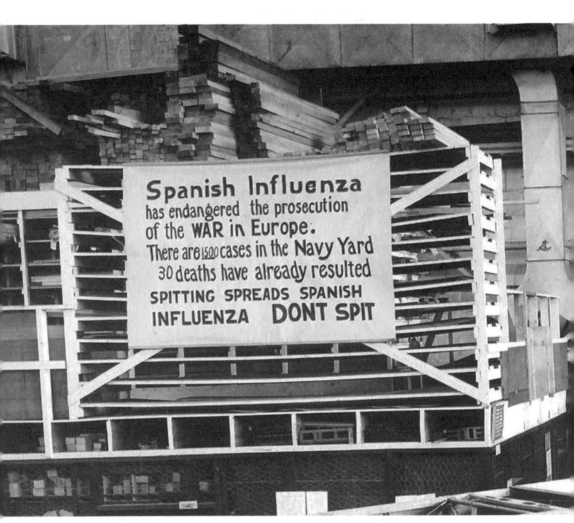

▲ "Spanish Influenza（西班牙流感）" 被广泛使用

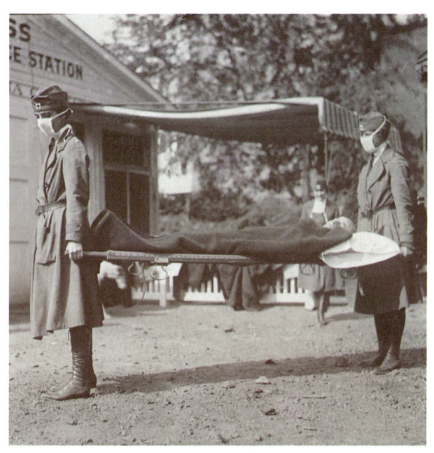

▲ 1918 年流感大流行期间，美国红十字会在华盛顿举行急救演习

存在。

刚感染"西班牙流感"时，人们不会感到特别难受，所以仍然像正常人一样继续着本来的生活，去上班、去购物、去学校，甚至还有人搭乘飞机、轮船、火车去更远的地方。于是这个病毒就这样传播开来，从一个城市到另外一个城市，从一个国家到另一个国家，从一个大洲到另外一个大洲。当时，只有亚马孙河口的马拉若岛是世界上唯一没有感染报告的人类聚集地。

一开始感染了西班牙流感病毒的人们还只是简单地表现为头晕、发烧、咳嗽……大家都觉得可能只是患了普通的感冒。

但很快，有些细心的医生发现了这次"感冒"有些特别，很多患者出现了缺氧症状，皮肤呈现蓝色。而出现类似症状的人都很难存活，死亡率非常高，这让人非常惊讶。

1918年的大流感，导致的全球平均致死率为2.5%—5%，而一般流感仅有0.1%。在此次流感暴发的6个月内就有2500万到4000万人失去生命，比持续了52个月的第一次世界大战死亡人数还多。

由于时代的局限，很多病患在民间方子中寻求解药，方法一个比一个荒唐：吃柠檬、喝威士忌、吃大蒜……还有人居然要求自己的孩子喝煤油、蓖麻油！要知道煤油可是有毒性的，蓖麻油则会导致腹泻。

随着时间的推移，1918年大流感逐渐淡出人们的视野，但是它并没有完全消失。医学上称1918年的"西班牙流感"病毒为H1N1病毒，之后1957年的亚洲流感H2N2病毒，1968年的香港流感H3N2病毒，以及2009年的禽流感H1N1pdm09病毒，都是在"西班牙流感"病毒

▲ 〔挪威〕爱德华·蒙克《流感后的自画像》

▲ 1931 年，恩斯特·鲁斯卡开始研制第一台电子显微镜。

的基础上变异而来的。

人类能从众多传染病与大流行病中存活下来，最应该感谢这么一群可爱又可敬的人。每当人类遇到重大传染性疾病的时候，这些人会像超人一样挡在我们的前面。

比如说奋斗在一线的医生与护士，他们离患者最近，对病人进行专业的诊断和治疗，并尽自己最大的努力挽救生命。

还有一些拥有智慧头脑的科学家，也作出了巨大的贡献。1932 年，德国柏林工业大学的恩斯特·鲁斯卡制作出了第一台电子显微镜。在电子显微镜的基础上，三位英国科学家（威尔逊·史密斯、克里斯托弗·安德鲁斯及帕特里克·莱德劳）在 1933 年，分离出了第一个人类流感病毒，并将其命名为 H1N1，从此人们才知道流行性感冒是由流感病毒所造成的。通过研究疫苗来抗击病毒的方法，取代了喝煤油、蓖麻油的错误方法。

拒绝做"西亚病夫"

在地中海东岸、黑海北麓有一个地跨亚洲和欧洲的国家，借助土耳其海峡扼欧亚大陆的"咽喉"，这个国家就是土耳其。

土耳其的国土面积大约有 78.4 万平方千米，在世界上排名第 36 位，并不算大。但在历史上，土耳其人曾经建立过一个庞大的帝国——奥斯曼帝国，绵延 600 余年（1299—1923），在 16 世纪时达到鼎盛，疆域地跨欧、亚、非三大洲。但随着帝国后期统治者日益贪婪腐朽，军队战斗力大幅减弱，经济发展陷入停滞，加之欧洲国家发起新航路的开辟运动，奥斯曼帝国失去了原有的国际地位，从 17 世纪始逐渐走向衰弱。

19 世纪末 20 世纪初，奥斯曼帝国在英国、法国和俄国等国的不断进攻下，逐渐丧权失地，经济彻底崩溃，沦为一个半殖民地国家，被视为"西亚病夫"。

1912 年，第一次巴尔干战争爆发，希腊、保加利亚、塞尔维亚和黑山王国等昔日奥斯曼帝国的"小弟"联合起来，击败了奥斯曼帝国，分走了帝国在欧洲的大部分领土。祸不单行，1914 年至 1918 年第一次世界大战期间，奥斯曼帝国投靠德国和奥匈帝国，加入"同盟国"一方作战，彻底激怒了英法俄组成的"协约国"集团。大战开始后不久，协约国便酝酿了瓜分奥斯曼帝国的秘密条约。于是，"一战"结束后，1918年 10 月 30 日协约国签订《摩德洛斯停战协定》，对奥斯曼帝国进行了第一次大瓜分。1920 年 6 月，在协约国的支持下，希腊军队大举入侵土耳其，逼迫奥斯曼帝国签订了耻辱的《色佛尔条约》。按条约规定，原奥斯曼帝国将丧失五分之四的领土，不能维持独立的军队，也不享受财政的独立权，土耳其海峡地区将受协约国监督。整个土耳其民族与国家到了最危险的时候。

在危亡之际，有一位政治家站了出来，他就是穆斯塔法·凯末尔。凯末尔代表着土耳其民族资产阶级的利益，他敏锐地预感到土耳其民族的不幸命运，果断采取行动，为土耳其民族革命作出了巨大贡献。

凯末尔出生于 1881 年，老家在巴尔干半岛南端的小城萨洛尼卡。凯末尔的家境算是中产，父亲是个木材商人。凯末尔自幼酷爱军事，13 岁时便进入当地的军事预备学校学习。

青年时代的凯末尔成为一名爱国主义者，他组织了"为祖国与自由协会"的秘密组织，反对腐朽堕落的封建制度。这个组织积极开展革命活动，1906 年并入到青年土耳其党之中，成为一支强大的力量。

1908 年至 1909 年，土耳其爆发反封建革命，凯末尔挺身而出，率军打败了帝国的最高统治者哈米德二世。立下大功的凯末尔却在党内受到排挤，原因是该党的首领恩维尔主张与德国结盟，追随德国参加"一战"。凯末尔坚决反对，他预言德国一定会失败，要求抵制德国对土耳其内部事务的干涉，可惜他的反对声并没有发挥作用。

正如凯末尔的预言，土耳其在"一战"中失败，协约国气势汹汹

▲穆斯塔法·凯末尔·阿塔图尔克

地发动进攻，打算让土耳其付出代价。这时，凯末尔在 1915 年保卫海峡的战斗中再次证明了自己的能力，不久后他便被提升为将军，闻名欧洲，担任起民族革命战争领导者的角色。之后，他被任命为第九军巡阅使，前往小亚细亚的安纳托利亚恢复地方秩序。这里也是他后来进行革命的"根据地"。

1919 年 5 月 19 日，凯末尔率领军队在黑海沿岸的港口城市萨姆松登陆，开启了土耳其民族解放运动。奥斯曼帝国苏丹（相当于中国的皇帝）大惊失色，要求凯末尔立刻解散军队。但凯末尔心存大志，他利用自己的威望赢得了一些反战军官的拥护和信任，将安纳托利亚各地的军队组织起来，要进行民族救亡运动。苏丹认识到凯末尔或成为巨大隐患，便发布命令把他召回首都。但凯末尔拒绝了，他辞去军职，以"普通公民"的身份继续组织民族运动。

1919 年 8 月 17 日，凯末尔当选为东安纳托利亚护权协会主席，并起草了《国民公约》初稿，主张反对外国占领干涉，维护国家统一和领土完整，在必要时将由全国代表大会推举委员建立一个新的政府。其后凯末尔又组织设立了多个护权协会，在安纳托利亚行使事实上的主权。

越来越多的人开始支持和拥护凯末尔，他们被称为"凯末尔主义者"。1920 年 1 月，奥斯曼帝国新议会正式在伊斯坦布尔开幕，凯末尔主义者取得了议会中的多数席位。议会通过了《国民公约》，因这份公约具有鲜明的反帝性质，因而成为土耳其民族解放运动的宣言和土耳其反帝反封建的政治纲领。协约国和奥斯曼政府均采取行动极力

阻挠，使合法的民族运动陷入被动。为了推进革命进程，凯末尔和支持者们离开首都，前往"根据地"安纳托利亚，他们要把革命的火焰完全点燃。

4月23日，凯末尔在安卡拉召开了大国民议会，他亲自担任议长，与腐朽的政府分庭抗礼。为了能够取得胜利，凯末尔将帝国残留的军队、农民游击队、自卫队改建成国民军，他出任国民军总司令。他要用这些军队保护土耳其，防止被列强瓜分。

1920年8月，协约国与奥斯曼帝国签订了《色佛尔条约》，企图瓜分奥斯曼帝国。为了逼迫奥斯曼帝国就范，英国怂恿希腊向土耳其发动进攻，挑起了"希土战争"。凯末尔在苏维埃俄国的暗中支持下，组织土耳其国民军展开了反对国内外反动势力的斗争。经过近三年的艰苦斗争，成功抵御了希腊人的进攻，迫使协约国重新审视对奥斯曼帝国的处理问题。1922年10月11日，协约国和土耳其签订了停战协议。

1922年11月12日至1923年7月24日，英国、法国、希腊、罗马尼亚、南斯拉夫等协约国集团成员齐聚瑞士洛桑，与土耳其再次展开会谈。已经掌握自己命运的土耳其与各国展开了灵活的外交活动，巧妙地利用英法等国之间的矛盾、苏联与西方国家间的矛盾分化协约国集团，使自己从中受益。1923年7月24日，《洛桑条约》正式签订，土耳其维护了自己民族的统一，取消了外国人在土耳其所享有的法律、财政和经济等特权。

1923年10月29日，土耳其共和国宣告成立，凯末尔当选为第一任总统。这标志着奥斯曼帝国600多年封建统治的结束，土耳其迈入

▲ 1930年第二次担任土耳其总统的凯末尔（前排左一）

了新的历史发展阶段。

　　凯末尔领导土耳其军民同仇敌忾，建立了民族独立的新国家，这在亚洲乃至整个世界引起了巨大的反响。独立的阿富汗的国王悉心研究土耳其的革命经验，印度的穆斯林将其视为对抗英帝国主义的明星。凯末尔被土耳其大国民会议授予"阿塔图尔克"（意为"土耳其的国父"）的称号。凯末尔也曾自豪地评论自己："我的微末的躯体终有一日会埋葬于地下，但土耳其共和国会永远屹立不倒。"

　　共和国成立后，凯末尔在废除苏丹制和哈里发制的基础上继续实行社会改革，将发展民族工业放在首位，推行"凯末尔主义"，使土耳其开始走上民族复兴的道路，彻底摆脱了"西亚病夫"的称号。

印度的独立之路

英国对印度的侵略和殖民由来已久。1600 年左右，英国建立了东印度公司，对印度进行大规模的经济渗透。随后，英国不断介入印度的政治事务，1784 年颁布《印度法》，对印度进行"文明化"改造，试图废除印度的古代体制，实行世俗化改革，传播基督教等，引发了1819 年的士兵叛乱。叛乱过后，为了更加严密地控制印度，英国开始对印度进行直接统治，从此印度彻底沦为英国的殖民地。

印度虽大，但也只是英国海外殖民地的一部分。19 世纪，英国人利用坚船利炮占领并建立了大量殖民地，北美有纽芬兰、加拿大，非洲有肯尼亚、南非，大洋洲有澳大利亚、新西兰，亚洲有马来西亚等。英国所有的殖民地加起来占世界陆地面积的五分之一，它们广泛分布在地球的 24 个时区之中，每一个时刻都有太阳照耀，因此英国自称"日不落帝国"。

但殖民地民众对英国并没有什么好感，他们一直在努力摆脱殖民者的统治，试图独立。两次世界大战前后，英国的经济和政治影响力不断下降，已经无法有效控制庞大的海外殖民地，于是许多殖民地领袖开始采用不同方式开展民族解放运动，争取民族独立。有的地区拿起法律的武器谋求独立地位；有的地方组建军队进行反殖民斗争；有

▲青年甘地

的地区则组织非暴力的抗议活动，比如游行、罢工、绝食和抵制英国货等。在印度，人们更多地采用最后一种方式，领导者是著名政治家"圣雄"甘地。"圣雄"在印度语中是指品格高尚、富有智慧、大公无私、受人尊敬的人，足见印度民众对甘地的评价之高。

甘地自幼就非常瘦小，生性腼腆、循规蹈矩，看起来完全没有成为政治领导人的能力，但他最终成了世人敬仰的政治家。他是如何一步步蜕变成"圣雄"的呢？

1869 年 10 月 2 日，甘地出生在一个土邦大臣家庭之中。父母都是非常传统的印度教徒，他们信奉仁爱、不杀生、坚持素食和苦行。甘地幼年时期多次目睹英国人横行霸道，便产生了打败英国人的想法。当时的印度流行一首歌谣："英国佬似巨人，印度人何其小，食肉者治人，身躯六尺高。"甘地天真地认为英国人强大的原因在于吃肉，于是他破戒煮了一块山羊肉吃，希望自己能够比英国人更加强壮。

1888 年，甘地离开印度前往伦敦求学，在著名的伦敦大学学院学习法律。1891 年获得律师资格，年底回到印度，在孟买从事律师职业。因为他性格过于内向，律师业务十分惨淡。两年后，为了赚钱，甘地受客户委托前往南非办理一桩 4 万英镑的债务案件。在南非期间，他遇到了很多麻烦。这些麻烦彻底改变了甘地的人生轨迹，推动他走上了政治道路。

甘地遇到的麻烦主要来自南非的种族歧视。甘地作为"有色人种"，在奉行种族隔离政策的南非不能与白人共处一室。有一次，甘地乘坐火车时，"堂而皇之"地坐进白人专享的头等车厢，这严重触犯了种族隔离政策，结果他被白人和警察粗鲁地扔下火车。性格内向的甘地感受到了莫大的侮辱。这种侮辱不仅针对他个人，也是对全体印度人甚至是"有色人种"的侮辱。于是，他开始与十几万印度侨胞一起反抗种族歧视。就这样，甘地在南非斗争了 21 年，先后三次被捕入狱。在甘地的带领下，印度人争取到很多平等权利，有权乘坐火车头等车厢、被免除了"人头税"、移民不受过度限制等。甘地逐步成长为世人瞩目的政治家。在斗争中，甘地逐渐发现并试验成功了一种有效的武器——"非暴力"理论。这一理论提倡在抗议活动中不采用暴力手段，

▲徐悲鸿《甘地像》，1940年作

以理性的对话进行抗争，以和平的方式达到政治目的。

　　1915 年，甘地带着在南非的斗争经验返回印度，受到人们的热烈欢迎。不久后，他成为印度国民大会党的领袖，将争取印度的独立和解放作为自己奋斗的新事业。1916 年，甘地发表演讲，宣传了自己的"非暴力"理论。他认为，英国政府是讲道理的，只要通过各种方式让英国政治家认识到印度独立是正确的事情，他们就会同意印度的独立，印度完全不需要进行流血牺牲或暴力反抗。然而，甘地低估了英国政治家的险恶。

　　此时，恰逢第一次世界大战。甘地大力动员印度人民在人力和财力方面支持英国，希望以此来感动英国，获得自治的机会。但令人失望的是，"一战"后的英国殖民者颁布了更加严厉的法律，派遣更多的警察来镇压印度人民。事实证明，殖民者不会讲道理，也不会被感化，甘地只是自作多情罢了。

　　为了反抗这些法律与不公的待遇，1919 年 3 月，甘地组织印度人民进行了第一次全国性的非暴力抵抗运动。他号召印度人民进行罢工、绝食、祈祷和示威，以"非暴力"的方式进行抵抗，迫使英国屈服。显然，贪婪的英国殖民者绝不会屈服，他们在 4 月 13 日制造了阿姆利则惨案，共打死、打伤 3000 多名印度人。愤怒的民众不再顾忌什么"非暴力"理论，他们以牙还牙，采用暴力手段予以回击。甘地惶恐地认为他的"非暴力"理论遭到破坏，于是采用绝食的方式呼吁民众停止这场运动。

　　这次暴力事件让甘地陷入深深的思考之中。怎样才能既坚持"非暴力"理论，又能实现印度独立呢？甘地提出了"不合作"理论。"不

合作"就是在"非暴力"的基础上不与英国殖民者发生合作关系，具体内容包括：不接受英国授予的公职和爵位，已经授予的辞去；不参加英国殖民者举行的任何活动；不接受英国的教育，只去印度人开办的学校读书；不买英国人的商品，不穿英国人生产的衣服；不买英国人发行的债券，不在英国的银行存款；等等。"非暴力"和"不合作"结合，最终形成了完整的"非暴力不合作"理论。

怎样践行这套理论呢？甘地分析英国不放弃殖民统治印度的原因：一方面是为了从印度掠夺原材料牟取暴利，另一方面是贪婪于印度交给英国的税金。于是，他决定采取对应措施让英国人在印度赚不到钱，从而迫使英国放弃印度。

英国人如何从原材料上牟取暴利呢？举个棉花的例子来说，英国先从印度购买棉花原材料，再用船运到英国的工厂，由工人加工成衣服，然后再把衣服运回印度，高价卖给印度人，从中赚取高额的利润。

既然英国人通过卖衣服赚钱，那么只要印度人不买他们的衣服，英国人就赚不到钱。因此，甘地号召印度人抵制英国的衣服，他呼吁所有的印度人每天花上几个小时来纺织和缝制衣服，不买英国服装，不给英国人赚钱的机会。甘地自己也脱下了西装，赤裸着上身，在腰间裹上印度土布，用实际行动来抵制英国。甘地发起的不合作运动起到了一定的效果，连丘吉尔都讽刺甘地是"半裸身的游僧"。

英国人又是如何获得大量税金的呢？一直以来，英国殖民者在印度征收税金最多的是盐税。当时没有冰箱，保存食物需要大量的盐，但殖民者禁止私人制盐，要求只能从英国人那里购买。

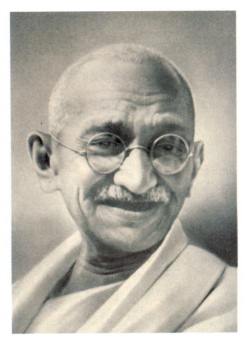

▲ "圣雄"甘地

　　甘地想到一个办法，可以避免缴纳盐税：印度人自己制盐。大海里面全是盐，甘地带领80名非暴力反抗者来到海边，通过蒸发海水获取大量的海盐，以示反对英国人的食盐专卖。这场运动被称为"食盐进军"或"食盐长征"。由此，印度开始了第二次非暴力不合作运动，但最终还是没有取得自治。

　　印度人民对英国的不满情绪日益高涨，再加上日本侵略者迫近印度，在此形势下，1942年甘地提出了英国"退出印度"的口号，并先后发起了第三次和第四次非暴力不合作运动，但均被英国镇压下去，甘地本人也多次因"煽动罪"被判刑入狱。

1939年，第二次世界大战全面爆发，"二战"为印度实现独立提供了绝佳的机会。"二战"结束后，英国的国力每况愈下，甘地趁机与英国商谈独立事宜，仍然被无情拒绝。不仅如此，殖民者还疯狂镇压进行"非暴力"抵抗的印度民众。但在反殖民斗争的潮流下，英国士兵每次对印度民众施加暴行，觉醒的世界各国人民，甚至一部分英国人都会极为同情地站在印度一边，指责英国政府和士兵。最后，英国政府难以承受来自国内外的巨大压力，不得不在1946年同意就印度独立问题进行谈判。1947年，英国提出蒙巴顿方案，同意通过将印度分为印度和巴基斯坦两个国家的方式来实现印度独立。

独立后的印度并不太平。印巴分治的后遗症导致印度陷入旷日持久的宗教纷争之中。甘地希望在处理分裂问题时再次使用"非暴力不合作"办法。但时过境迁，国内矛盾的尖锐性早已远远超过了殖民统治时期。甘地的行为反而引来一些极端分子的仇视。1948年1月30日，在一次活动中，一名狂热的印度教徒突然向甘地连开四枪，导致他当场死亡。

甘地，一个为了印度的独立事业奋斗了大半生的"圣雄"，最终死在了自己同胞的枪口之下。也许，"非暴力不合作"是一种解决争端的好方法，但它不是"包治百病"的良药。面对江河日下的英国殖民者，"非暴力不合作"可能有效，但面对日益复杂的领土和教派纷争，这套理论却显得苍白无力。

保卫非洲的最后一片净土

　　埃塞俄比亚位于非洲的东北角，是一个文明古国，其文明史超过3000年。公元前 8 世纪，埃塞俄比亚人建立了努比亚王国，曾经征服过北方的古埃及。公元 1—10 世纪，他们建立了著名的阿克苏姆王国。

　　从 16 世纪起，西方列强踏着"新航路"开始对外殖民活动。西班牙、葡萄牙、英国、意大利等国先后入侵埃塞俄比亚。但埃塞俄比亚人民挺过了一路风刀霜剑、百般坎坷，终于获得了独立。在这场征途中，尤令埃塞俄比亚人自豪的是，到 19 世纪末几乎整个非洲均已沦为欧洲国家的殖民地，自己的祖国却成为仅有的例外。这当然不是殖民者的恩赐，而是埃塞俄比亚军队在 1896 年 3 月 1 日的阿杜瓦战役中血战得来的结果。人民的英勇，成就了这个"疆界是由勇士的长矛和弯刀刻画出"的国家。

　　19 世纪中期，西方列强相继开始了工业革命，随着列强对原料和市场的强劲需求，更多国家走上了殖民道路。意大利作为后起之秀，盯上了埃塞俄比亚这块土地。1855 年初，意大利出兵占领了埃塞俄比亚北部重要的港口城市马萨瓦，以方便他们的商人在红海沿岸开展贸易活动。

　　很快，意大利人不再满足于仅仅占领一个城市。他们的野心越来越大，企图侵占整个埃塞俄比亚，建立一个殖民帝国。为了加快侵略步伐，意大利军队把马萨瓦变成军事要塞，大肆驻军，囤积物资，准备发动战争。面对意大利人的侵略行径，埃塞俄比亚国王尤汉尼斯四世号召军民做好准备，阻止外国侵略他们的领土。

1885 年，意大利发动了侵略战争。装备精良的意军以马萨瓦为据点不断向埃塞俄比亚内陆推进，势如破竹，占据了绝对优势。埃塞俄比亚军队装备极为落后，因此对先进的武器充满了恐惧。意大利军队在战场上升起热气球侦察敌情，正准备进攻的埃塞俄比亚军队仿佛看到了"怪物"，放弃抵抗，仓皇逃窜。在另一次夜战中，意大利的探照灯令埃军惊讶万分，许多人被吓得待在原地不敢动，还有很多人四处逃避，惹得意大利人放声大笑。

1889 年，孟尼利克二世继任埃塞俄比亚国王，他理智冷静、智谋过人，具有卓越的军事才能。青年时的游历使他认识到，要想在列强的虎视眈眈下保持国家独立，必须建立起强大的军事力量。为了这个政治抱负，他决定从最危险的敌人——欧洲人那里获得现代化武器装备。

埃塞俄比亚物产丰富，早年通过出口象牙、黄金、白银和麝香积累了大量资金。在外国使节的帮助下，埃塞俄比亚开始从法国等国进口步枪和火炮等武器。大量武器通过意大利军队驻守的马萨瓦港源源不断地运往埃塞俄比亚各地，在港口驻守的意军想当然地认为船上卸下的货物不过是皇室所需的奢侈品罢了。

经过一番采购，埃塞俄比亚已经拥有一支颇具战斗力的军队，装备着欧洲和美国提供的先进武器。意大利军队仍然漫不经心，他们一度主动要求向孟尼利克二世提供步枪以示友好，因为他们认为这位新国王会"顺从地服务于意大利"。

1889年5月2日，孟尼利克二世与意大利签订了《乌西阿利条约》，同意给予意大利在阿比西尼亚北部平原地区一些特权。但在起草条约时，意大利人耍了花招，他们瞒着埃塞俄比亚将拉丁文版本的条约内容进行了修改，号称埃塞俄比亚成为其"保护国"。得知受骗的孟尼利克极为愤怒，他拒绝承认条约，打算用战争来维护国家的权益。

意大利军队指挥官奥里斯蒂非常傲慢，他率领军队平定埃塞俄比亚的武装起义，顺势攻占了几个军事要塞，便匆匆回国接受民众的欢呼，甚至忘乎所以地承诺，他会把孟尼利克二世"关在笼子里带回罗马"。

令意大利人没想到的是，孟尼利克二世迅速召集起一支强大的军队，总人数达到19.6万人。相比之下，奥里斯蒂只有区区2.5万人的军队，其中混合了意大利人、非洲土著部队和欧洲雇佣兵，战斗力不强。奥里斯蒂却坚信自己将以质取胜，很快就能消灭埃塞俄比亚，但结果却非常残酷。1895年12月7日，1300名意大利所属的厄立特里亚土著兵，在山谷里被3万名埃塞俄比亚士兵全歼。眼看局势正朝极为危险的方向发展，奥里斯蒂不得不死守阵地，防止产生更大的损失。两军随即进入长期对峙状态。意大利士兵的后勤补给很快出现问题，士兵每天只能定量配给一半食物，士气十分低下。

意大利总理认为意大利败给非洲国家非常耻辱，于1896年2月25

日发来电报，痛斥奥里斯蒂"怯懦无能"，要求他尽快发动进攻，同时追加拨款 2000 万里拉。迫于压力，奥里斯蒂决定孤注一掷，在 3 月 1 日凌晨召集全部 4 个旅向埃军进攻。奥里斯蒂计划趁着夜色掩护，指挥近 2 万军人攻入埃营，取得一场出其不意的胜利。但意大利军队在行军途中出现了严重失误，本该紧密相连、分头并进的 4 个旅在陡峭的山谷和滚落的碎石中走散，未能按时到达战场。

早上 6 点左右，两军在阿杜瓦城下迎来了决战时刻。由于指挥失当，意军战线上出现了缺口，9 万多名埃塞俄比亚军人咆哮着从缺口处涌入，将意大利军队包围起来。精锐的埃军骑兵在冲锋时还发出"埃巴古姆！埃巴古姆！"的咆哮声，意思是"收割！收割！"，让人闻风丧胆。为了压制意大利军队，埃塞俄比亚军队在山脊上架设了 40 门速射炮，持续不断地给予意大利军队痛击。意军毫无还手之力，他们的老式火炮完全无法与埃军相匹敌，完全处于被动挨打的地位。

在埃塞俄比亚王公的率领下，埃军越战越勇，他们猛冲猛打，使意军死伤无数。一位意大利幸存的军人曾回忆道，"埃塞俄比亚军队组成的洪流让人头晕目眩""他们就像疯子一样勇猛"。

意大利军队被打得溃不成军，四处逃窜。在后压阵的奥里斯蒂为了提振士气，高喊："意大利万岁！"但已经无济于事。

阿杜瓦之战以埃塞俄比亚军队的全面胜利而告终，这保全了埃塞俄比亚在非洲独一无二的独立地位，也给了意大利殖民者一记当头重棒。埃塞俄比亚人民特别珍惜来之不易的胜利，他们把 3 月 1 日定为国庆日，将这一骄傲时刻永远铭刻在自己的历史上。

法国人"守株待兔"

第一次世界大战后，法国这个名义上的战胜国付出了极其惨重的代价，国家背上沉重的战争债务，经济凋敝，民不聊生。"一战"中残酷的马恩河战役、凡尔登战役、索姆河战役等历历在目，令法国人民不愿再战，他们想要"过和平日子"。但是，"一战"后的德国很不安分。

如何保护法国人民，让他们过上和平日子呢？一方面，法国政治家们打算给德国强加一个惩罚性和平条约以阻止其再度威胁法国；另一方面，法国军队开始考虑采取新的军事措施来保卫法国。这项军事措施，就是要建造一个"牢不可破"的防御工事来保护自己，这个防御工事叫马其诺防线。

马其诺防线从1928年开始建造，以当时法国国防部部长马其诺的名字命名。参与建造的劳工大都来自法国殖民地。这些劳工经过几年的日夜劳作，到1935年工程的主体部分基本完成。之后又花了几年时间进行完善，到1940年才算竣工。也就在这一年，德国攻入法国，仅用两个月时间便逼迫法国投降。

马其诺防线的确可以称之为当时的"基建巅峰"之作。它全长约360千米，由一组组相互独立的筑垒式防御工事群构成，但又不仅仅是简单的大型堡垒。它的每一组工事都包括观察哨所、指挥部、炮塔、

▲法德边境上的马其诺防线机枪碉堡

发电设备、食堂、宿舍等各类设施，就连牙科诊所、电影放映厅都有，较大的工事中甚至还有有轨电车通道。

马其诺防线建造过程中的土方工程量（挖土运输量）达 1200 万立方米，相当于 12 个北京水立方游泳馆的体积之和（水立方大概为 97 万立方米）。每组工事外面密布着金属柱、铁丝网，可以用"固若金汤"一词形容。这个防御工事所需要的建材，如果全部铺在地面上，整个德国都放不下。

马其诺防线整个工程的耗资也是非常惊人的，总造价达到 50 亿法郎。从工程伊始，法国每年要将国防经费的一半投入其中。此外，这项庞大的工程将筑城技术发挥到了极致。整条防线有 142 个地堡、352 个地下掩体、5000 多个碉堡，可以抵挡各类炮弹甚至是毒气的攻击。地下建有如同迷宫一样的地道，高地上修建了大量观察哨所，可以侦察敌人的动向，为法军进行火力打击提供指引。为了防止敌人靠近，防线的外围区域布设了大量地雷，还竖起许多粗大的铁柱，阻碍坦克的冲击。在建造堡垒时，法国进行了精心的设计。他们将堡垒的正面（向东一侧）修筑得极为坚固，墙体厚度达 4 米，背面（向西一侧）却比较薄弱。如果敌人夺取了堡垒，法军也可以从西侧轻易夺回失地。最能体现马其诺防线建造水平的是它的炮火指挥系统。炮塔非常灵活，可以上下自由升降和进行 360 度旋转。整套操作在一架庞大的机械设备的帮助下，只需一名女士徒手就可以完成。战时，炮塔升出地面，可以向来自任何方向的敌人射击。平时，可以将炮塔降到与地面齐平，不易被人发现。

　　法国人越看马其诺防线，越觉得这条防线优秀。他们认为如此长且坚固的一条防线，完全断绝了敌人从侧翼迂回的可能性，对方只有在付出惨痛代价的情况下才有可能突破它。

　　如果德国一定要越过马其诺防线，就必须选择强行跟比利时借道。而德国一旦借道比利时，就会触及英国的神经，英国必然对德国宣战，而英国完全可以通过消耗战拖住德国。即使无法击败德国，也可以以拖待变——等待苏联和美国对德国的暗中插刀。这样德国必然失败。

　　当然，法国人也注意到这项工程存在一些漏洞。马其诺防线北部的阿登山区，地势险要，交通十分不便，德军一旦通过这个地区就会对法国形成极大的压力。但法国人转念又想，如果德国派出精锐部队先通过阿登山区，就会迎面撞上默兹河。然而，这里河宽水急，是一道天险，再加上法军筑有防御工事，不容易被德军攻破。即使德军突破了默兹河，接下来也会遇到色当要塞，这是更让德军头痛的关卡。

　　如果德军强渡默兹河或进攻色当要塞，必然需要重型火炮，而重型火炮的拖运极其耗费时间和人力。所以，无论德军正面直上，还是迂回包抄，都会被法国发现。法军都有足够的时间做出反应，调动军队，轻松痛击德军，提前结束第二次世界大战。

　　这一系列的计划在法国人看来简直天衣无缝！法国人只要在马其诺防线等德国人自己送上门来，就能对其进行痛击！这简直就是坐享其成的一件快事！所以，50万法军驻扎在这里，整日里无所事事，既不作战，也几乎不训练。他们甚至觉得，如此强大的防线足以震慑德国，使其放弃发动战争的想法。但法国也有头脑清醒的人，戴高乐就曾大声疾呼，法国应该放弃"以守为攻"的错误战术，用更多的资金和钢铁制造坦克和飞机，可惜没人采纳他的建议。

事实也证明，法国人太过天真，马其诺防线并没有发挥它预期的作用。它的存在仿佛"守株待兔"，只是麻痹了自己，兔子是绝不会上钩的。

德国人刚开始对马其诺防线也很头痛，认为在这条防线上正面开打，只会让自己损失惨重。研究了马其诺防线许久，德国人忽然灵光一闪！马其诺防线只是条线而已，它是固定的，不会动，德军只要绕过去就好了。

1940 年 5—6 月，正如法国预料的一样，德军主力率先通过了阿登山脉。看起来，德军似乎已经是"瓮中之鳖"了。但接下来就与法国的设想有些不一样了。德国没按照套路出牌。德军借助无线电通信技术和轰炸机创造了立体进攻方法，迅速突破默兹河，直接插入法国腹地，造成法军首尾难顾，根本没有调动军队的时间。

与此同时，法国还因过度信赖马其诺防线而松懈备战，沉浸在巴黎的灯红酒绿之中，自信地认为德军不敢冒犯，因而未能有效地组织起军队进行反抗。德军三天内便强渡了默兹河并攻克了色当要塞。至此，法国败局已定。

从工程学的角度看，马其诺防线确实很厉害。它的耗资之大、战线之长、装备之好，显然可以配得上"基建巅峰"一词，当时世界各地的报刊都称其为"本世纪的伟业""军事科学的奇迹"。但法国还是失败了。或许正如看过马其诺防线的英国陆军艾伦·布鲁克爵士说

的一样，马其诺防线给法国人造成了一种错误的感觉——躲在牢不可
破的钢铁防线后面就会安全。一旦这种感觉被打破，法国的战斗意志
就被一起粉碎掉。

马其诺防线在军事史上留下了深刻的教训：依靠防御工事来防
守，永远比不了通过壮大军事实力去主动出击；一味退缩，也永远比
不上直面困难。军人勇敢担当的精神是最坚固的钢铁长城，凭借所谓
的技术企图一劳永逸，注定会失败。

"二战"结束以后，法国并没有立即废弃马其诺防线，还不时对
防线上的重要设施进行维护，以备不时之需，北约曾经使用了部分地
堡作为地下指挥中心。20 世纪 70 年代以后，随着军事技术和战略思想
的迅猛发展，马其诺防线彻底失去了军事意义。法国政府用拍卖的方
式将马其诺防线卖了出去。一些工事成为旅游景点、酒窖和旅馆，一
些变成了蘑菇养殖场和谷仓，还有一些仍然静静地躺在法德边境上，
诉说着那段历史。

经济的诅咒

　　人类的经济生活共有四个重要环节：生产、交换、分配、消费。人们首先要把琳琅满目的商品生产出来，经过复杂的交换和分配，最终由消费者买单，才算完成了整个环节。每个环节都会产生利润，人们把利润重新投入各个环节之中，完成新一轮的生产、交易、分配和消费，周而复始，形成一个循环。如果生产出来的商品卖不掉，会影响到各个环节，导致社会经济出现严重问题，甚至产生政治动荡。经济学家称这种现象为"经济危机"。

　　目前来看，人类历史上影响最为深远的经济危机发生在 1929 年至 1933 年的美国。这次危机波及范围很广，不仅严重破坏了美国经济，还迅速蔓延到其他国家，英国、法国、德国和日本等国家都深受其害。同时，这场经济危机持续时间特别长，长达 5 年时间，整个资本主义世界都浓云密布，凄惨暗淡。此外，这场危机的破坏力极强，它导致了世界性的大萧条，为法西斯主义、种族主义、贸易保护主义等人类"陋习"的滋生提供了土壤，甚至诱发了第二次世界大战。

　　这场危机的发生，要从美国的盲目发展说起。1918 年第一次世界大战结束后，世界各国百废待兴，美国由于地理位置远离战场等多方面原因，取代英国成为世界头号经济强国。美国的经济因此得到迅猛

▲ 领取救济的美国民众

发展，各种新兴产业飞速兴起，收音机、电冰箱等新兴产品涌入了普通大众家庭，中产阶级甚至可以购买价格实惠的福特T型车。这一时间段恰好是美国总统柯立芝（1923—1929）在位时期，所以人们将当时的繁荣局面称之为"柯立芝繁荣"。

但"繁荣"的背后却隐藏着一场全球性的灾难。"一战"后，随着美国工业生产力水平不断提高，各种产品被大量生产。在一部分人享受着时代进步带来的财富的同时，还有许多社会下层民众的生活状态并没有改变。他们依然生活在贫困之中，没有足够的金钱消费这些商品，导致了商品的严重积压。可以说，当时的生产能力远大于实际购买能力，生产与消费之间的矛盾一触即发。

雪上加霜的是，当时美国股市兴起投机热潮，大量资金涌入股市。资本家在股市如鱼得水，普通民众更是梦想着"一夜暴富"，将全部积蓄都投入股市之中。经济泡沫越吹越大，迫切需要国家进行干预。1929年，胡佛登上美国总统宝座，他迷恋自由放任的经济政策，不愿干预经济活动，任凭危机一步步临近。

1929年10月24日，美国迎来了"黑色星期四"。这一天，美国金融界崩溃，股票一夜之间从顶巅跌入深渊。短短两个星期内，共有300亿美元的财富消失，相当于美国在第一次世界大战中的总开支。随着股票市场的崩溃，美国经济陷入毁灭性的灾难之中，可怕的连锁反应接踵而至：银行倒闭、工厂关门、工人失业，成千上万个家庭流离失所，不得不住进用木板、旧铁皮、纸箱搭起的简陋小屋里。这时，他们想起了胡佛总统在竞选时吹下的牛皮："让美国人家家锅里有一只

▲ 1929 年 10 月 24 日，美国纽约，股市崩盘后聚集在证券交易所外的人群

鸡，家家有一辆汽车。"因而他们十分恼怒，称这些残破的小屋为"胡佛小屋"。更有甚者连"胡佛小屋"都住不起，只能露宿街头，四处流浪。后人形象地称这次经济危机为"大萧条"。

"大萧条"很快蔓延到整个资本主义世界，对德国等经济基础脆弱的国家的冲击尤为剧烈。第一次世界大战后的德国，因《凡尔赛条约》的高额赔款陷入绝境，数百万德国人生活就此被毁。在"大萧条"的打击下，本就尖锐的社会矛盾更为激化，于是爆发大规模抗议和反抗斗争，罢工浪潮日益高涨。德国法西斯主义就此萌生，并日益猖獗。希特勒上台后，为转移国内矛盾，开始对外扩张，最终引发了第二次世界大战。

在东亚地区，1923 年日本发生了关东大地震，导致 70 万栋房屋被毁，14 万人死亡，对日本经济造成毁灭性打击。1929 年，经济危机又气势汹汹地席卷而来，使日本经济举步维艰，工业生产水平下滑，农业生产更是损失巨大。日本原本就有着征服朝鲜，侵略中国，从而称霸世界的想法。此次危机也成为日本摆脱经济困境，入侵中国的一个借口。

就在资本主义国家承受"大萧条"带来的灾难和痛苦的时候，此时的社会主义国家苏联却呈现出一片欣欣向荣的景象。西方国家的动荡不安给社会主义国家苏联提供了绝佳的发展时机。资本主义世界大量技术人才失业，苏联趁机引进大量的人才。除此之外，西方国家为了摆脱经济困难，出售过剩的产品和机器，苏联大量购买国家建设所需的先进技术、设备。在苏联人民的艰苦奋斗和领导者的正确决策下，苏联从一个落后的国家一跃成为先进的工业国，成为经济"大萧条"时期的大赢家。

1929—1933 年的经济大危机暴露了资本主义国家贪婪、虚伪的本性。他们为摆脱困境，开始打贸易战，提高关税，各国之间的矛盾日益尖锐。同时，资本主义国家加紧对殖民地和半殖民地国家的掠夺，引发这些地区的激烈反对。整个世界都在一片喧闹和谩骂声中卷入战争的漩涡。

1933 年，罗斯福当选美国总统。他放弃了胡佛"自由放任"的经济政策，对国家的经济进行主动干预，重点解决生产过剩和需求不足的问题。他的政策行之有效，被称为"新政"。罗斯福先是稳定金融秩序，提升民众对美国经济的信心；接着，严格限制工厂的生产规模，防止商品供过于求；最后，降低农产品价格、增加就业机会、加强社会保障制度、发放救济金等，不断提高民众的消费能力。经过不懈地努力，罗斯福成功将原本失衡的供求关系重新纠正过来，美国也逐步恢复到健康的社会经济秩序之中。

1929—1933 年的经济危机，宣布了"自由放任"经济政策的破产，开创了国家干预经济新模式。这种模式对资本主义的发展具有深远影响，标志着政府大规模干预经济的时代到来了。

菊与刀

1944 年，同盟国阵营在反法西斯战场上节节胜利，马上就要向日本发起攻击。在处理德国问题上，盟军胸有成竹，毕竟德国属于西方文化圈，美俄英法对其比较熟悉。但如何处理日本，美国却犯了难，因为美国对日本及其民族性格很不了解，如果因文化方面的矛盾而导致冲突就会产生严重的问题。

为了能够尽快获得有效的建议，美国委托许多学者来研究日本，著名女学者哥伦比亚大学教授鲁思·本尼迪克特就是其中一位。她虽然从来没有去过日本，但她对监狱里的日本战犯和生活在美国的日本人进行了深入调查，写成了《菊与刀》，上报给美国军方。这本书深刻揭示了日本人的矛盾性格和民族性，在学术界引发强烈轰动，连日本人看了都感慨：终于通过外国学者了解到自己的民族性格。

在本尼迪克特看来，日本民族可能是世界上最矛盾的民族。他们的民族性格可以用两个事物来形容：日本皇室的家徽"菊"和日本武士的"刀"，前者爱美、尚礼，后者好斗、尚武。"两者都是一幅绘画的组成部分。日本人生性极其好斗而又非常温和；黩武而又爱美；倨傲自尊而又彬彬有礼；顽梗不化而又柔弱善变；驯服而又不愿受人摆布；忠贞而又易于叛变；勇敢而又怯懦；保守而又十分欢迎新的生活

▲〔日本〕胜川春章《日本武士》

方式"。

这种矛盾的民族性格导致他们在为人处世方面也显得十分矛盾：他们就个体而言力量弱小且小心翼翼行事，一旦形成集团便力量强大甚至胆大妄为；在国内生活中彬彬有礼，在曾经发动的对外侵略战争中却极其野蛮。理解了这些，也就理解了为什么日本表现出明显的"双重性格"，经常在历史上做出以邻为壑、以邻为敌的事情。

历史上，日本深受中国文化影响，特别是在隋唐时期，日本派遣大量遣隋使、遣唐使来中国学习并将中国文化带回日本。但在吸收中国文化时，日本统治者进行了精心挑选，只选取对统治有利的内容加以发扬，摒弃那些不利于他们的思想。比如，在日本文化中，很难见到"民为贵，社稷次之，君为轻"的进步思想。日本统治者更倾向于宣传"忠也者，一其心之谓也"等效忠于特权阶层的思想。在日本权贵看来，日本人忠诚的对象是单一的，只对"天皇"一人效忠。

受这种思想的影响，日本人对战争的态度也让人难以捉摸。"二战"后期，日本败局已定，日军和民众却仍在负隅顽抗，因为天皇命令他们继续战斗。1945 年 8 月 15 日，天皇通过无线广播宣布日本无条件投降当天，日本人非常驯服地纷纷放下武器，投诚美国。在日本人心中，天皇至高无上，高于任何道德准则和法律。"二战"期间，日本人组成了"敢死队"，以死换取胜利，支撑他们的信念则是"为天皇尽忠"，并不考虑战争是否出于正义。在日本文化中，从来没有忤逆君主的说法，日本甚至是反对革命的，他们认为君主没有对天下行仁义的责任，臣下却有忠实于君主的义务。因此，日本人的忠，完全是为统治阶级服务，是没有原则的"忠"。

在日本社会中，子女对父母的孝顺和爱是出于偿还"恩情"的需要。一个年轻人结婚后，必须履行"孝"的沉重义务。除了个别人士外，日本人认为良家娶亲，应由父母决定媳妇的人选。由此可见，日本人认为父母和天皇的恩情是此生最难偿还的"恩情"。日本人一生都要出于"义理"去偿还父母的"恩情"，不然就会承受来自外界的巨大压力。这种来自外部社会的约束，是日本"孝"文化的核心推动力。

日本民众认为，"仁"的道义是不能与天皇制度相容的，所以日本在吸收儒家思想的时候，剔除了其中"仁"的思想。天皇取而代之站在了整个道德体系的最顶端，凌驾于所有道德观念之上。"知耻"在日本人看来是最高的道德标准，也就是说，如果一个人知耻，那么他就是一个道德高尚的人。日本人的价值体系中，"耻"取代"仁"成为日本道德体系中最为核心的部分。"羞耻感"是日本人日常行为中最高的道德规范。

本尼迪克特发现，日本人总是处于一种小心谨慎的行为世界中，他们必须密切注意别人的行动所做出的暗示，并强烈地关注别人对自己行为的评价。这就意味着，日本人根据"内在的强制力"来做出的决定很少。日本人往往是从社会关系中去把握对错，所以在一定程度上，日本社会是一个依靠他人监管来启发良知的社会，强调只要坏事不为世人所知，就不必烦恼。对于日本国民，耻辱感只是他们对他人批评的一种反应。这种他律性道德支撑着日本国民生活和社会生活的方方面面。

　　日本的这种民族性格也被人们称为"岛国心态"，这种心态最初源自日本独特的自然环境。从世界地图上可以看出，日本国土面积狭长，山地多、耕地少，自然资源十分匮乏，难以满足民众衣食住行的需要。再加上日本地震、火山、海啸等自然灾害频发，进一步挤压了生存空间。因此，日本国家和民众都普遍存在一种危机感。

　　"二战"后，日本军国主义势力虽然得到遏制，但在复杂的国际形势下，日本国内政治右倾化思潮依然表现得比较明显。这些右翼势力活跃在日本政界和社会的各个领域，否认并美化日本的侵略战争历史，企图通过各种方式为军国主义"招魂"，需要爱好和平的世界人民警惕。

犹太人的至暗时刻

　　人们常将犹太民族视为一个苦难的民族、一个不幸的民族。公元70年，罗马军队镇压了犹太人的起义，摧毁了第二圣殿，大批犹太人被屠杀，侥幸活下来的人被迫四处逃亡，开始了向世界各地大流散的历史。19世纪，在种族歧视观念的影响下，欧洲出现了严重的反犹主义思潮，严重威胁着犹太人的生存。

　　20世纪的欧洲，反犹主义思想达到历史最高点。"一战"结束后，苏联与波兰爆发了边境战争，成千上万的犹太人无辜被杀或被驱逐。在犹太人的强烈要求下，"一战"后成立的国际联盟制定了许多法律条款保护犹太人等少数民族，但这些条款从来都没有被严格遵守过，完全成为摆设。东欧和中欧的许多国家更是变本加厉，纷纷剥夺犹太人的选举权和被选举权，对犹太人征收高额的税，在经济上排挤犹太人，还污蔑他们与旧统治者勾结，将他们直接逮捕入狱。

　　"一战"后的德国，民众对战败耿耿于怀。一些反犹分子和极端右翼政党将战败的原因归咎于犹太人，说他们"在背后捅德国人刀子"，对犹太人特别厌恶和憎恨。再加上德国经济低迷，而犹太人生活比较富裕，民众的仇富心理被激发出来，长期积压的反犹主义思想更加泛滥。

1933 年希特勒上台，他利用德国人仇视犹太人的心理，将反犹主义上升为一项国策，开始有组织、有计划地迫害犹太人。

1933 年 1 月至 1939 年 8 月是迫害活动的第一阶段。德国先后颁布施行了众多反犹法令，迫使犹太人离开德国。"雅利安人是优等民族、犹太人是劣等民族"这一错误的观念甚嚣尘上，大批犹太法官、检察官、律师和公职人员等遭到解雇，许多犹太人的商店失去了生意，大批犹太大学生被学校开除。当时已经颇有名气的犹太裔科学家爱因斯坦也被抄了家、没收了财产，被迫逃亡美国。

1935 年 9 月 15 日，希特勒颁布臭名昭著的《纽伦堡法令》，剥夺德国犹太人作为德国公民的权利，禁止犹太人与德国公民或有日耳曼血统的公民结婚。此外，还专门对犹太人进行了定义：凡是其祖父母或外祖父母中有一人是犹太人的，他（她）便是犹太人。根据血统亲疏，犹太人还被分为 3/4 犹太人、1/2 犹太人、1/4 犹太人等。之后，纳粹颁布了越来越多的反犹法令，这些法令规定，犹太人的护照上要加盖红色"J"字样（德文中"Jude"意为犹太人），犹太人只能取被认为是"犹太名字"的名字，取消了德国犹太人居住区的合法地位，将犹太人排除在医疗卫生等行业之外。《纽伦堡法令》的颁行，标志着犹太人彻底沦为受歧视与迫害的"下等国民"，迫害犹太人成了"正义"的行为。犹太人的命运变得更加悲惨。1935 年底，约有 8000 名德国犹太人因无法忍受迫害而自杀，7.5 万犹太人逃到国外。而这只是个开始，更可怕的迫害正在快速逼近。

从 1938 年开始，纳粹政府突然加紧了对犹太人的迫害。10 月 28

日，德国在毫无预警的情况下将大批犹太人驱赶到德国和波兰边境，想把他们放逐到波兰。但波兰政府却拒绝收容他们，悲惨的犹太人"叫天天不应，叫地地不灵"。在这群悲惨的犹太人中，有一个姓格林斯潘的犹太家庭，妹妹无法忍受被迫害的生活，给远在法国巴黎居住的哥哥赫舍·格林斯潘写信抒发内心的苦闷。11月7日，赫舍·格林斯潘接到信后焦急万分，他立刻向德国驻巴黎大使馆秘书恩斯特·冯·拉特求助，却遭到了无情拒绝。恼怒万分的格林斯潘向冯·拉特腹部连开数枪，边开枪边大喊"打死你个肮脏的德国佬"，导致后者不治身亡。

接到冯·拉特的死讯后，希特勒和他的宣传部部长戈培尔不仅没有伤心，反而欣喜若狂。他们终于找到了大规模排挤、屠杀犹太人的借口。接下来，他们便策划了骇人听闻的"水晶之夜"事件。

1938年11月9日午夜至10日凌晨，在纳粹的怂恿和操纵下，德国各地的希特勒青年团、盖世太保和党卫军化装成平民走上街头，对犹太人的住宅、商店、教堂进行疯狂打、砸、抢、烧。许多犹太人的窗户被打碎，破碎的玻璃在月光的照耀下折射出水晶般"美丽"的光，因此这一夜被德国人戏称为"水晶之夜"。一个童话般名称的背后，却有无数犹太人的血与泪。

打砸期间，超过7000家犹太商店被捣毁，267间犹太教堂遭焚毁，死伤者不计其数，3万多名犹太人被关入集中营。纳粹对犹太人有组织的屠杀就此开始。1938年至1939年，随着德国统治范围的不断扩张，生活在奥地利、捷克斯洛伐克等国的犹太人也惨遭厄运。在"二战"前夕纳粹德国的统治范围内，约有40万犹太人被迫离境。

▲波兰奥斯威辛集中营

1939 年后，纳粹政府对犹太人的迫害活动进入第二阶段，大批犹太人被赶进专门设立的隔离区从事奴役劳动。贫困、饥饿、疾病和繁重的强制劳动，导致犹太人大规模死亡。1940 年，纳粹头目希姆莱下令在波兰境内修建奥斯威辛集中营。在"奥斯威辛二号"集中营内，设有毒气室，专门用来消灭犹太人。来自荷兰、比利时、法国、波兰、匈牙利、捷克、希腊等国的犹太人被源源不断地送进奥斯威辛集中营。有劳动能力的男女青壮年被挑选出来送到劳役营做苦役，未被选中的年老体弱者、儿童和妇女则被送到死亡营。纳粹用遇难者的人皮制成手套和灯罩，用头发做成褥垫，将死者假牙上的金子熔化后存入国家银行，甚至将囚犯身上的脂肪做成肥皂。成箱的项链、戒指被送到当铺，成为党卫队的经费；手表和钢笔用来奖励党卫队的骨干分子和伤员；衣服则用来赈济灾民。

至于那些被强迫服劳役的"幸运儿"也会面临"定期挑选"，平均工作期限仅为 3—5 个月，身体衰弱的人将被挑出来处死。德国人还挑选犯人进行医学实验，如对孪生子女进行活体或尸体解剖等。

随着第二次世界大战的进行，纳粹打算实行更为系统的种族清洗计划。1942 年 1 月 20 日，纳粹德国召开万湖会议，会上讨论并通过了《关于犹太问题的最后解决办法》，决定对犹太人进行进一步、系统性的种族屠杀。随着前线局势紧张，1943 年盖世太保总管希姆莱曾下令利用犹太人的劳动为纳粹军队服务，甚至建议释放部分犹太人作为政治让步或巨额赎金的筹码。但在战争的最后阶段，英勇的苏联红军迅速向西方推进，德国战败已是定局。为了掩盖罪行，希特勒要求彻

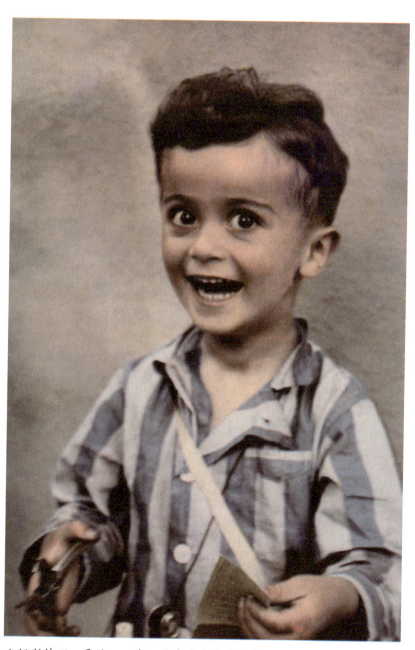

▲伊斯特万·雷纳，四岁，他在奥斯威辛集中营被杀前不久拍的照片

底消灭剩下的犹太人，并安排专门的队伍在大规模枪杀犹太人的地方焚毁尸体。当 1945 年 1 月苏联红军解放奥斯威辛时，集中营内只剩下 7000 多名幸存者。

根据纽伦堡国际法庭的判决书的内容，在 1933 年至 1945 年 12 年的时间内，约有 600 万犹太人被纳粹屠杀。其中，苏联和波兰的犹太人死亡人数最高，达 456.5 万人，总死亡人数占当时世界犹太人总人口的 1/3 以上。在欧洲，平均每 7 个犹太人中就有 6 个惨遭杀害。

作为犹太人大屠杀主谋之一的阿道夫·艾希曼在接受审讯时，曾为自己辩护说"没有外在的声音来唤醒他的良心"，他不得不执行元首的意志以示对帝国的绝对忠诚。在纽伦堡审判中，许多纳粹也都认为身为军人，服从命令和执行法律是天职。当一个民族的多数人被蒙蔽时，反抗的声音便会停止，暴政就一定会大行其道。这是犹太历史上的至暗时刻，也是人性的至暗时刻。

偷鸡不成蚀把米

　　1941 年 12 月 7 日，星期日的清晨，美国珍珠港的海军将士们正准备享受周末的美好时光。6 点 10 分，隐藏在珍珠港以北 200 多海里外的六艘航空母舰上起飞了 183 架轰炸机和战斗机，载着炸弹呼啸着扑向美军基地。经过一个多小时的超低空飞行，7 点 53 分飞机准时到达珍珠港上空，投下了一枚枚炸弹。原本肃静的珍珠港顿时火光冲天，战列舰和巡洋舰一艘艘被炸沉，机场上整齐排列的飞机全部被炸飞。

　　驻扎在珍珠港的美国海军死伤无数。他们陷入无尽的疑问之中：今天有军事演习、飞机为什么投下了实弹、这是哪国的飞机……？直到攻击发生 5 分钟后，军港中的警报才开始一遍遍地播报："珍珠港遭到空袭，这不是演习！"但为时已晚，第二批 168 架战机已经在路上，他们要对珍珠港幸存的军舰和人员进行"补刀"。8 点 54 分，第二批战机再次发动攻击，投下大量的鱼雷、炸弹，疯狂轰炸着美国军舰和飞机。

　　经过一个上午的狂轰滥炸，美军损失惨重。珍珠港停泊的 8 艘战列舰中，4 艘被击沉，1 艘搁浅，其余都受到重创；6 艘巡洋舰和 3 艘驱逐舰被击伤；188 架飞机被击毁；数千官兵伤亡。除了 3 艘航空母舰不在港内躲过一劫外，整个美国太平洋舰队几乎全军覆没。

到底是谁干的？珍珠港开战 20 分钟后，远在大洋彼岸的美国首都华盛顿，日本驻美国大使野村吉三郎匆匆向美国国务卿科德尔·赫尔递交了"天皇诏书"，大概意思是：美国"漠视"日本在侵略中国时的"牺牲"，威胁到日本帝国的生存，侮辱了日本的尊荣与威望，阻挠了日本在东亚建立"新秩序"，日本要对美英两国宣战。这时，赫尔已经得到珍珠港被轰炸的消息，70 岁的他无比愤怒。实际上，野村吉三郎本来打算在偷袭珍珠港事件发生的同时递交宣战书，但因为种种原因而耽搁了 20 分钟，导致日本军国主义政府"背信弃义"，本来丑恶的嘴脸更加丑陋。

日本偷袭珍珠港是太平洋战争爆发的标志。当天，日本不仅对珍珠港发动了毁灭性打击，还派飞机轰炸了中国香港、菲律宾首都马尼拉等重要城市。日本何德何能，同时在太平洋东西两岸发动战争？有人曾做过对比，"二战"初期，美国的工业能力是日本的 10 倍，为什么日本胆敢发动对美国的进攻？这要从 20 世纪 30 年代末日本的侵略扩张政策说起。

1927 年 7 月 25 日，日本首相田中义一向日本天皇递交了秘密奏折，史称《田中奏折》，核心内容是："如欲征服中国必先征服满蒙；如欲征服世界，必先征服中国。"虽然日本历史学家极力否认该奏折的真实性，但日后日本的侵略道路几乎完全按照《田中奏折》推进，从侧面证明了这份奏折的真实性。

为了达到"征服世界"的目的，1939 年日军拟定了两个作战计划，"北上"和"南下"。后来，日军在"北上"过程中被苏联军队击败，不得不放弃了进攻苏联占领西伯利亚的梦想。于是，日军掉头策划"南下"，占领东南亚以及南太平洋地区，夺取更多的战争资源。从 1941 年开始，日本不断向东南亚扩张，这侵犯了欧美各国的殖民地利益，引起了英法美等国的强烈不满。为了给日军一点警戒，美国冻结了对日贸易，其中最重要的是石油。没有石油，日军的战争机器舰艇、坦克、汽车就无法运转，导致他们无法继续侵略。为了确保完成侵略目标，掠夺石油、橡胶、金属等资源，日军孤注一掷，决定进行一次军事冒险。

1941 年 1 月 7 日，"战争赌徒"山本五十六写信给海军大臣及川古志郎，正式提出偷袭珍珠港的设想。此后，山本和几个参谋一起秘密地制定偷袭方案，史称"六月方案"。该"方案"正式提出后，在日本上层引起巨大争论。一些人不相信庞大的舰队能够横渡 3500 海里而不被发现，对这一计划的可行性表示怀疑。山本固执己见，甚至以辞职要挟。日本为了加速推进"南进"，10 月中旬批准了偷袭计划。于是山本指挥联合舰队选择了与珍珠港相似的鹿儿岛湾，在那里开始做充分的准备和严格的模拟训练。

11 月 25 日，一支庞大的联合舰队秘密出发。这支舰队包括 6 艘航空母舰（赤城号、加贺号、苍龙号、飞龙号、翔鹤号和瑞鹤号，共搭载 414 架舰载机）、2 艘战列舰、3 艘巡洋舰和 9 艘驱逐舰。为了防止行动暴露，他们全程保持无线电静默，同时选择船只最少但气候最恶劣的千岛群岛航线，悄悄向夏威夷靠近。经过将近两周的秘密航行，日本舰队在 1941 年 12 月 7 日神不知鬼不觉地靠近了珍珠港，做好了进攻的准备。很快，偷袭珍珠港便发生了。

▲山本五十六

▲珍珠港爆炸场景

从短期来看，日本偷袭珍珠港无疑是一次辉煌的胜利，它重挫了美国太平洋舰队，有力地配合了日军侵略中国、东南亚以及大洋洲各国，获得了各种宝贵的资源。但从长期来看，这次军事冒险是一个彻底的灾难，日本亲手为自己敲响了丧钟。

珍珠港事件发生之前，美国并不想直接参与"二战"。凭借远离主战场的优势，美国妄图游离在战争之外，通过出售军火和战略物资大发一笔横财。然而，日本偷袭珍珠港彻底点燃了美国人的怒火，将美国拖入到战争之中。事实上，就连亲自策划珍珠港事件的山本五十六也曾预言：即使对美国海军的偷袭成功，日本也几乎不可能赢得对美国战争的胜利，因为美国的工业实力实在太强。

美国的报复马上就来了：轰炸日本东京。在日本早有防范的情况下，美军从航母上起飞了16架轰炸机，对东京进行了30秒的轰炸。这次行动造成的损失不大，但有力地回击了日本，也让日本有了一个巨大的心病：太平洋的某个岛屿上可能有大量美军飞机，对日本构成严重威胁。于是，日本急于占领太平洋中的重要岛屿。但随着瓜达尔卡纳尔海战、中途岛战役接连打响，日本舰队几乎被消灭殆尽，日本军国主义正一步步走向失败的深渊。

狭路相逢勇者胜

1941年6月22日，希特勒一声令下，纳粹德国突然发动"巴巴罗萨计划"，全面入侵苏联。巴巴罗萨是中世纪德国的皇帝腓特烈一世，在他统治时期德国成为欧洲最强大的国家，国力达到鼎盛。希特勒以"巴巴罗萨计划"命名这次行动，可见其野心之大，要征服苏联，成为全欧洲的霸主。

德军"闪电战"再次发挥出巨大优势，摧枯拉朽般占领了苏联西部大片领土，1941年12月德军便兵临莫斯科城下。如果首都莫斯科陷落，苏联就危险了。幸而苏联举全国之力打了一场"惊天地泣鬼神"的莫斯科保卫战，把德军阻滞在西部地区无法动弹。

转眼到了第二年春天，纳粹德国明显表现出疲态，他们缺油少粮，急需补充各种战略物资。这时，希特勒把目光转移到物产丰富的斯大林格勒（今伏尔加格勒）地区，那里有高加索油田，有煤炭，还有伏尔加河沿岸的大片农田。如果能够夺取斯大林格勒，德军就有了稳定的后方补给，可以再次猛烈进攻莫斯科等城市。

苏联也没有放松。在莫斯科保卫战后，苏联迅速生产了大量新式武器，源源不断地补充到红军中，使自己的军事实力大为增强。斯大林知道，希特勒绝不会善罢甘休，当务之急便是制定下一步的战略方

针。于是他召开最高统帅部会议，对攻势作战与防御作战问题进行了讨论：有些人认为应该实施攻势战略，打乱敌人对西南方向的进攻计划，否则战争初期的被动局面就会再次出现；也有人反对，认为德军虽然作战受挫，但兵力上还是占据优势，在美英没有开辟第二战场的情况下，苏联应该积极防御，不应急于投入绝大部分的战略预备队。

两种观点僵持不下，斯大林经过权衡后选择了攻势策略，要求即刻制定在克里米亚、哈尔科夫等方向的作战计划，以积极进攻的姿态粉碎德军的进攻。然而，斯大林的攻势方针最后带来巨大的灾难。

根据斯大林的安排，苏联在1942年5月发动了进攻。苏联红军进攻的重点地区恰恰也是希特勒进攻的重点，双方展开了硬碰硬的对攻。这正是希特勒梦寐以求的局面。1941年冬季作战失败后，希特勒进行了深刻总结，他认为，苏联通过打防御战"以静制动"，牵制了大约三倍的德军，导致德军损失惨重；如果苏军从掩体与战壕中走出来，与德军进行正面较量，就相当于放弃了三倍兵力的优势，那么德军无疑会找回主动权。

战争开始后，德军的攻势异常猛烈，大批苏军被歼灭或俘虏，斯大林这才意识到自己的决策是错误的，苏军全线后撤到伏尔加河一线，在那里矗立着一座史诗般的城市——斯大林格勒。

斯大林格勒原名察里津，跨伏尔加河和顿河两条大河，战略地位极为重要。1918年斯大林曾经指挥军队在这里击溃了哥萨克自卫军，巩固了十月革命的成果。为了纪念斯大林的卓越贡献，1925年该市改名为斯大林格勒。也正因为这座城市以斯大林命名，因而保卫它具有

▲斯大林格勒战役场景画

了更多的政治意义，苏联必须做到万无一失。

1942 年 7 月 17 日，苏德双方在斯大林格勒附近地区展开激烈交火，在城市前沿几千米的地方反复上演拉锯战，死伤惨重。一直到 9 月 14 日德军才突破苏联阵地，从北面攻入市区。两军随即展开最残酷的城市巷战。

要说哪种战争最残酷，城市巷战无疑是其中之一。双方在狭窄的城市街道上短兵相接，甚至不时发生白刃战，拼的就是勇气。进入巷战阶段后，德军在机动方面的优势荡然无存，往日不可一世的坦克成了摆设，极容易遭到反坦克枪和手榴弹的袭击。德军不得不改变战术，把部队拆成小股，去争夺每一条街、每一栋坍塌的建筑物和每一寸被毁坏的城区。

苏军利用"主场优势"采用"贴身紧逼"战术，两三个人一组或者单兵行动，尽量地靠近德军，使德军的炮火无法发挥作用。大批苏军士兵还隐蔽在地下室、被炸毁的瓦砾里，甚至是炮弹坑中，出其不意地向德军发起袭击。

战争之惨烈堪称人间地狱，成了许多幸存士兵不堪回首的噩梦。战事激烈的时候，苏军一天阵亡 1 万多名战士。据说，巷战中的苏军士兵平均存活时间不超过 24 个小时。战后，一位德国军官在回忆录中写道："敌我双方为争夺每一座房屋、车间、水塔、铁路路基，甚至为争夺一堵墙、一个地下室和每一堆瓦砾而展开了激烈的战斗。其激烈程度是前所未有的，甚至第一次世界大战也不能相比。我们早晨攻占了 20 米，可是一到晚上，苏联人又夺了回去。"

对于重要战略目标，双方不惜投入重兵。为了夺取火车站，苏德两军进行了反复争夺，火车站先后易手13次之多。为了争夺一座粮仓，双方在一片漆黑中互不相让，距离近到可以听到对方的呼吸声。双方一个楼层一个楼层、一间房屋一间房屋地打，经常从地下室打到楼顶。有人回忆："即使我们占领了厨房，仍然需要在客厅中进行战斗。"在如此残酷的环境中，苏军一支六人小分队坚守市中心的一座住宅楼，硬生生地在德军的不断进攻下坚持了58天之久，堪称奇迹。

混乱的战况为狙击手提供了"天然靶场"，他们躲在废墟后面频频开枪，无情地收割着敌人的生命。苏军著名狙击手瓦西里·扎伊采夫一个人就狙杀了225名德国士兵。他的事迹后来被拍成电影《兵临城下》。

开战三个月，德军付出巨大代价后占领了城市80%的区域，苏军被分割成两段，形势似乎越来越不利于苏联。这时，天气开始转寒，不时飘起鹅毛大雪，温度最低时达到零下45摄氏度。寒冷的环境是苏军的天堂，统帅朱可夫立刻调集100多万士兵进行反攻。相比之下，德军饥寒交迫、缺乏弹药，许多士兵被冻死在前线，士气极为低落，开始全线崩溃。

参战的德军第六集团军统帅一再向希特勒发电报，要求撤离斯大林格勒。但希特勒固执己见，要求德军必须坚守战斗岗位，打到最后一兵一卒，一枪一弹。1943年2月1日，第六集团军司令部被苏军团团包围，在即将被攻陷的时刻，统帅向柏林发送了最后一封电报："第六集团军无线电台即将关闭，俄军已经攻占，打垮布尔什维克万岁！

天佑德意志！本台停止发报。"随后，9万多名德军向苏联投降，斯大林格勒战役宣告结束。

斯大林格勒战役持续了199天，由于战争过于惨烈，伤亡人数几乎无法统计。据学者估算，德军大概伤亡60多万人，苏军伤亡150万人。德军一个被俘的师长说："我快60岁了，我在德军服役了40年，这种失败却从来没有见过。"

对于苏联来说，胜利的代价虽然很大，但这是卫国战争中的一次决定性战役。它使法西斯军队由疯狂进攻转向全面崩溃，成为世界反法西斯战争的重要转折点。这场战役坚定了反法西斯国家的信心，罗斯福总统致电斯大林说："我谨以美国人民的名义向斯大林格勒发去此信，以表达我们对英勇的保卫者的敬意。他们光辉的胜利制止了侵略的狂澜，成为同盟国反侵略战争的转折点。"

"胖子"和"小男孩"的威力

1945 年 5 月 7 日和 5 月 8 日，德国纳粹分别在法国兰斯和德国柏林签署了无条件投降书，宣告了"二战"在欧洲战场的终结。德意日三国组成的轴心国集团大势已去，世界反法西斯战争吹响了胜利的号角。

然而，日本军国主义政府却仍然负隅顽抗，进行所谓的"玉碎战"，企图与反法西斯同盟同归于尽，其中冲绳岛附近日军的抵抗尤为激烈，这就是史上著名的冲绳岛战役。在战役中，日军组建"神风特攻队"（也被称为"神风敢死队"），驾驶载满炸弹的战机撞击盟军军舰，进行"自杀性"攻击，使盟军蒙受很大损失。

"神风"曾经是"天佑日本"的代名词，其来源于元朝在忽必烈时期进攻日本的战争。1274 年和 1281 年，元军联合高丽国，先后两次向日本发起进攻，试图征服这个位于欧亚大陆边缘的"小国"。但元军舰队在两次战争中都遭遇台风，特别是第二次造成近 4000 艘战船损失，使得东征计划彻底告吹。日本人迷信地认为这是神武天皇掀起的"神风"击退了元军，帮助日本摆脱了被灭国的命运，因此称第二次台风为"神风"。每次面临"国难"时，日本都会组织类似的"神风"军事组织。

受到军国主义思想洗脑的日军战斗力异常惊人。冲绳岛战役持续了三个月，给双方都造成了巨大的损失。日本方面共有10万多名士兵被击毙或俘虏，美军超过8万人伤亡。战争还造成数万当地平民丧生或受伤。面对正在快速向日本挺进、试图分享胜利果实的苏军，同时出于保护盟军官兵生命的原因，美国必须尽快迫使日本投降。再三考虑之后，美国总统杜鲁门和军方高层人员决定在日本使用绝密武器——原子弹。

原子弹是一种利用铀235或钚239等放射性物质制造核裂变反应，释放出巨大能量来杀伤敌人的一种武器。在爱因斯坦等物理学家的帮助下，美国在核能利用方面走在世界前列。1942年6月，在罗斯福总统的授权下，美国开始将核能转化为杀人武器，他们开启了研制原子弹的计划，史称"曼哈顿计划"。该计划集合了全球数千名科学家，历时三年，经过无数次实验，最终研制出三枚原子弹。根据它们各自的形状，美国分别为它们取名为"瘦子""胖子""小男孩"。为了验证原子弹的巨大威力，1945年7月16日清晨，美国在新墨西哥州沙漠地区试爆了"瘦子"。据说，爆炸产生的巨大火球让周围民众误以为太阳提前升起，爆炸发出的声音让整个美国西部民众都感受到震动。

美国政府决定尽快实施投掷原子弹的计划，成立专门的目标委员会来挑选投掷原子弹的位置。经过多方的考虑，7月25日，美国确定了六个目标城市：京都、东京、新潟、小仓、广岛、长崎。京都是历史文化名城，出于战后统治日本的需要不宜进行轰炸。东京是日本首都，但已经遭受了大量轰炸，不容易评估原子弹的毁伤效果。新潟距离较远，会增加轰炸的不确定性。广岛是日军的指挥中心之一、第二总军司令部所在地；小仓是九州的重要工业基地；长崎是当时日本最重要的造船基地之一，也是重要的交通枢纽。后三者都是绝佳的轰炸目标。

1945 年 8 月 6 日上午 8 点 15 分，一架美军 B-29 轰炸机在广岛上空投掷了"小男孩"。这颗可怕的炸弹长度 3 米、直径 0.7 米、重量 4.4 吨，能够产生惊人的 63 太焦耳（TJ）的能量，相当于 2 万吨 TNT 爆炸产生的能量。为了追求最佳的打击效果，美国刻意让"小男孩"在距离地面 600 米的高度凌空爆炸。伴随着标志性的蘑菇云升起，广岛沦为一片火海。曾经灯红酒绿、热闹繁华的广岛顷刻间满目疮痍，到处都是成为焦炭的尸体和断壁残垣。

广岛的悲剧没有让日本政府意识到问题的严重性，日军高层认为美军只有一颗原子弹，于是对内欺骗民众称广岛是由于陨石坠落造成的灾难，对外拒绝投降，继续战争。

1945 年 8 月 9 日，美军 B-29 轰炸机装载着"胖子"再次出动，飞往小仓投弹，但由于当天小仓上空云层浓厚，不利于投掷，于是临时改变了目标，飞往长崎。上午 11 点 02 分，第二朵蘑菇云在长崎升起。长崎也成为世界上第二个遭到核武器攻击的城市。

在一浪高过一浪的反法西斯浪潮下，两颗原子弹的爆炸成了"压死骆驼的最后一根稻草"。1945 年 8 月 15 日，日本宣布无条件投降，"二战"结束。

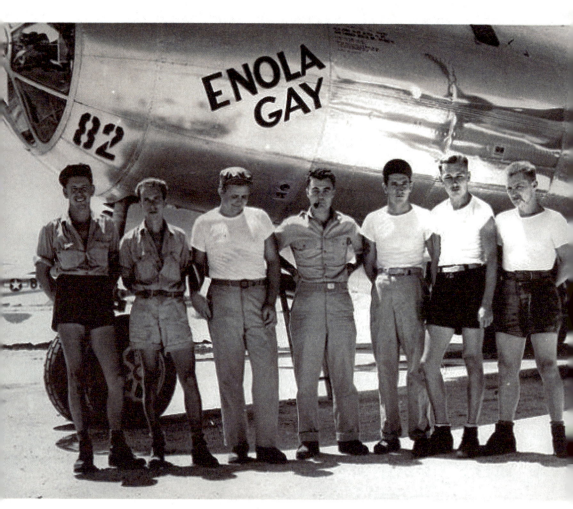

▲投掷原子弹的美国飞行员

▲爆炸后的长崎

原子弹到底对日本造成了多大伤害呢？据统计，投在广岛和长崎的这两颗原子弹累计造成超过 40 万人死亡。原子弹的危害主要体现在三个方面：光热辐射、冲击波和放射性。原子弹爆炸瞬间，温度高达上千万摄氏度，产生的亮光比太阳强十几倍，爆炸中心 1 千米以内的人均遭受了超过五级的重度烧伤，人体表皮全部碳化。随后，爆炸产生的冲击波以接近声速的速度扫荡几十千米，掀翻几乎所有的建筑物。爆炸形成大量的放射性物质，造成大面积放射性污染。更加严重的是爆炸所产生的大量的 α 射线、β 射线、γ 射线、中子，使本来能幸存下来的人们因严重的辐射污染得了急性放射能症、白血病等。大部分被辐射的人们在一个月内就死亡了。受轻微辐射幸存下来的人们，他们的后代要么是先天畸形，要么患有不治之症。

原子弹对环境也造成了不可逆转的灾害，其爆炸产生了巨大蘑菇云，蘑菇云中蕴含的大量核辐射尘埃和云中的水汽混合在一起，形成了黑色的雨，污染河流和土壤。即使原子弹爆炸距今已数十年有余，但核污染对广岛和长崎两地环境造成的影响仍没有消去。

反法西斯战争的胜利果实

在国际问题上开展合作并成立国际组织，是人类处理国际问题的一大智慧。早在 1865 年，就成立了国际电报联盟，方便发展国际电报通讯，该组织后来改名为国际电信联盟。1874 年，又成立了万国邮政联盟，以保证各国的邮件可以不受国界限制进行自由流通。

在处理重要的国际关系问题上，人们也开始组建类似的国际组织。第一次世界大战结束后，英国和法国等战胜国及其盟友共 44 个国家成立了"国际联盟"（简称"国联"），目的是促进国际合作和维护世界和平和安全。然而，美国在最后时刻退出国联，放了世界人民"鸽子"，损害了国联的国际影响力。再加上国联在国际事务中无法发挥应有的作用，无力限制欧洲各国扩军备战，导致未能阻止第二次世界大战爆发，几乎沦为一个摆设。

第二次世界大战给人类留下了惨痛的教训，爱好和平的人们逐步达成共识：世界需要一个有实权的、能够维护国际关系正常运行的组织。1941 年 6 月 12 日，许多国家在伦敦签订《同盟国宣言》，呼吁维护和平、制止侵略和促成国际合作。一个新型的国际组织出现在人们的构想之中。

美国第 32 任总统富兰克林·罗斯福最终将构想变为现实。1942 年

1月1日，由美国主导的反法西斯国家发布《联合国家宣言》，决心同仇敌忾，共同打败法西斯，绝不向邪恶势力妥协。在这份宣言中首次提到"联合国"这一称呼。1943年10月30日，苏联、英国、美国和中国在莫斯科签署了《莫斯科宣言》，号召尽早建立一个维护世界和平与安全的国际机构，"联合国"呼之欲出。1944年9月21日至10月7日，四国又召开了敦巴顿橡树园会议，就建立一个世界组织的目标、结构和功能达成了一致意见，至此"联合国"有了蓝图与框架。

1945年2月11日，在雅尔塔会议上，罗斯福、丘吉尔和斯大林"三巨头"共同宣告建立"一个国际机构维持世界和平与安全"。之后，在美国旧金山，联合国家国际组织大会的代表们起草了《宪章草案》，该《草案》在6月25日获得全票通过，成为《联合国宪章》。次日，代表们在"老兵战争纪念馆"正式签署了宪章。其中，董必武、顾维钧等中国代表在《联合国宪章》上签下自己的名字。

1945年10月24日，经安理会五个常任理事国和大多数签署国的批准，《联合国宪章》正式生效，联合国正式成立。回顾历史，从1941年到1945年，联合国在不断沟通和协调中诞生，它是反法西斯战争胜利的成果，也是人们向往和平的象征。

联合国是一个由主权国家组成的政府间国际组织，它取代国联成为"二战"后世界各国进行和平对话的新平台。它吸取了国联的教训，实现了会员国的主权平等，尊重人民平等权利及自决原则，致力于维护国际和平与安全。《联合国宪章》是联合国的基本法，它确立了联合国的宗旨、原则和组织机构设置，规定了成员国的责任、权利和义务，

▲雅尔塔会议中的"三巨头",前排从左到右依次为丘吉尔、罗斯福、斯大林

▲ 1945 年 6 月 26 日，中国代表董必武在《联合国宪章》上签字

明确了处理国际关系、维护世界和平与安全的基本原则和方法。

根据《联合国宪章》，联合国设有6个主要机关：联合国大会、联合国安全理事会、联合国经济及社会理事会、联合国托管理事会、国际法院和联合国秘书处。联合国总部设在美国纽约，在瑞士日内瓦设有联合国欧洲办事处。此外，联合国还设立了许多专门的机构，如联合国粮农组织、国际民航组织、国际货币基金组织、联合国教科文组织、世界旅游组织、世界气象组织、世界银行等。后来，国际电信联盟和万国邮政联盟也并入联合国。

联合国大会和安理会是联合国的主要机构。联合国大会由近200个成员国组成，秘书长是联合国的行政首长。安理会由11个国家组成，其中苏联、美国、中国、英国、法国五国因为在世界反法西斯战争中做出突出贡献，成为常任理事国，拥有"否决权"。重要议题必须由五国一致同意才能通过，其中任何一个国家反对，都将否决该议题。

为了突出联合国的理念，联合国精心设计了自己的徽章。这枚徽章是一张以北极为中心的世界地图，周围由象征和平的橄榄枝作为衬托。联合国旗帜的底色为浅蓝色，正中的图案是一个白色的联合国徽章。因此，蓝色和白色成为联合国的官方颜色。联合国维和士兵的头盔都是蓝色的，上面印着白色的"UN"字母（联合国英文缩写），被称为"蓝盔"。

艺术家还创作了《联合国歌》（又名《联合国进行曲》）。经美国总统富兰克林·罗斯福提议，美国著名进步诗人罗梅在1945年联合国成立前一天完成歌词创作。他按照《联合国宪章》的精神，根据

1932 年苏联歌曲《相逢之歌》的曲调进行重新填词。歌曲获得联合国代表们的一致通过与赞赏，一直沿唱至今：

太阳与星辰罗列天空，大地涌起雄壮歌声。

人类同歌唱崇高希望，赞美新世界的诞生。

联合国家团结向前，义旗招展，

为胜利自由新世界，携手并肩。

奋起解除我国家束缚，在黑暗势力压迫下，

人民怒吼声发如雷鸣，如光阴流水般无情。

太阳必然地迎着清晨，江河自然流入海洋，

人类新世纪已经来临，我子孙多自由光荣。

……

为了工作的需要，联合国将六种语言确定为官方语言，分别为阿拉伯语、汉语、英语、法语、俄语和西班牙语。其中，秘书处使用英语和法语作为工作语言，安理会常任理事国使用汉语、英语、法语和俄语作为官方语言。

从 1945 年至今，联合国经过了三个发展阶段。第一阶段是 1945 年到 20 世纪 60 年代初，由于冷战爆发，美国成为世界头号强国，苏联成为唯一能够与美国抗衡的国家。美苏争霸愈演愈烈，联合国也成为两国竞争的主要场所，在很多问题上难以发挥应有作用。第二阶段从 20 世纪 60 年代到 80 年代，由于美国的霸权主义越来越不得人心，西欧和日本的独立性有所增强，第三世界也作为一个整体开始崛起，特别是在 1971 年中国恢复联合国合法席位后，联合国逐渐摆脱了少数国家的操控，成为国际上最重要的政府间国际组织。第三阶段是在"冷战"结束后，美国成为唯一的超级大国，企图建立单极世界，对联合国"有用则用之，不能用则绕开"，但也不敢彻底抛开联合国。联合国依然发挥着重要作用，然而其权威性不时遭到挑战。至今，美国仍然拖欠联合国巨额会费，导致联合国的运营十分艰难。

第 60 届联大主席扬·埃利亚松曾经说过："这个世界有很多分歧，我们也能挑出联合国的很多毛病，但是想想看，全世界这么多国家领导人能站在一起拍出一张'全家福'，和 60 年前相比，这是人类多么大的成熟和进步！"未来，联合国将继续在国际事务中发挥重要作用。

更快、更高、更强

在古希腊时期，从公元前 776 年开始，人们每隔 4 年都会聚集到希腊南部的美丽小镇奥林匹亚举行运动会。这个传统一直持续到公元394 年，直到拜占庭帝国时期才结束。运动会的项目很多，有短跑、中长跑、拳击、五项全能、角斗、战车等。在大批民众的见证下，矫健的运动员们把比赛推向一个又一个高潮，场面极为热闹壮观。勇夺冠军的运动员没有物质奖励，他们会赢得一顶橄榄枝编制的花冠。这不是普通的花冠，因为它取自宙斯神庙旁边的橄榄树，具有非常神圣的意义。为了保证比赛公平，运动员和裁判员都要进行郑重宣誓，如有违规将受到严厉的惩罚，甚至一辈子都羞愧得抬不起头。古代奥运会为各个城邦提供了展示实力和进行公平竞争的机会，大大减少了战争发生的概率，很好地维护了古希腊世界的和平与秩序。虽然这些运动盛会早已消失在历史长河之中，但关于它们的传说却一直存在，启迪着热爱运动、爱好和平的人们。

法国教育家顾拜旦就是一个痴迷于古希腊奥运会的人。他看到1870 年法国在普法战争中的惨败，明白了加强体育教育对一个国家的重要性，不由感慨："一个民族，老当益壮的人多，那个民族一定强；一个民族，未老先衰的人多，那个民族一定弱。"

▲顾拜旦

1891 年，顾拜旦创办了《体育评论》杂志，开始热情地宣传他的主张：复兴古希腊传统，开创现代奥运会。为此，他不断出席体育运动代表大会，频繁访问各个国家和体育组织。终于在顾拜旦的不懈努力下，1896 年 4 月，13 个国家的 311 名运动员响应号召前往希腊首都雅典，参加了第一届现代奥运会。

第一届奥运会组织很不完善，经费也很紧张，甚至禁止女性运动员参赛，但它却把奥运会由历史变成了现实，使停办了 1502 年的奥运会再现人间，顾拜旦因此被尊称为"现代奥运会之父"。

1900 年，第二届奥运会在顾拜旦的家乡法国巴黎举行。为了吸引更多人关注，奥运会主动与世界博览会合作，在博览会的许多场馆中举行比赛。这样的安排也带来一个问题：比赛日程和场地安排十分分散，运动会持续时间过长。这届奥运会于 5 月 20 日开幕，一直到 10 月 28 日才结束，历时将近半年时间。

1904 年，第三届奥运会举办地改为美国圣路易斯，同样与世界博览会合作举行。本届奥运会于 7 月 1 日开幕，一直到 11 月 23 日才结束，持续时间将近 5 个月。由于日本和俄国正在进行激烈的战争（日俄战争），很多欧洲运动员无法安全到达美国，因此放弃了参赛，导致很多比赛项目成了美国运动员之间的比拼。本届奥运会出现了两起丑闻，产生了非常恶劣的影响。第一起是"人类学日"事件。8 月 12 日至 13 日，美国组委会为了庆祝"人类学日"而举办了一场"特殊"的比赛，他们把非洲人、亚洲人、印第安人等"有色人种"带到比赛场地，进行"泥巴战"、掷标枪、爬竿、射箭和投掷重物等比赛。由于"参赛"的人没有进行任何训练，因此比赛场面十分混乱和滑稽，获胜者没有获得奖牌，仅被授予一面美国国旗。这些比赛的唯一目的就是展示欧美运动员的强健，体现"有色人种"的野蛮和低能。当组委会得意扬扬地宣传这是"一次绝妙的成功"时，远在欧洲的顾拜旦却极为震怒，他痛斥这是奥运会的耻辱，严重违背了奥运精神，绝不允许类似的事件再次发生。第二起丑闻是"美国选手搭车"事件。在进行马拉松长跑比赛时，美国运动员弗雷德·洛茨在跑完 12 千米后突然抽筋，于是他决定放弃比赛，乘坐救援车前往营地。但当救援车向前行驶了 17 千米后，洛茨感觉自己体能恢复了许多，决定下车继续比赛。他跑完了剩下的 13 千米，第一个到达终点，"赢得"了冠军，"赢得"了欢呼，还接受了金牌。但很快他的作弊行为被揭穿，金牌也被剥夺。这两起严重违背种族平等和公平竞争的行为成了奥运会历史上永远的污点和耻辱。

第四届奥运会于 1908 年 4 月 27 日至 7 月 13 日在英国伦敦举行，组委会制定了许多比赛项目的规则，对奥运会比赛正规化产生了积极作用。

第五届奥运会于 1912 年在瑞典首都斯德哥尔摩举行，比赛中使用了先进的计时设备和终点摄影技术，大大提高了比赛的公平性。在艺术比赛中，顾拜旦写的《体育颂》获得金牌。"啊，体育，天神的欢娱，生命的动力！啊，体育，你就是美丽！啊，体育，你就是正义！啊，体育，你就是勇气……"优美的诗句，饱满的精神，催人奋进的节奏，体现出伟大的体育精神，至今仍被人们广泛传颂。

奥运会越来越受欢迎，许多国家都积极申办 1916 年第六届奥运会。当时西方国家钩心斗角，企图挑起一场世界大战。为了用奥运会来抑制德国军国主义火焰，顾拜旦力排众议，将举办权交给德国首都柏林。但可惜，1914 年第一次世界大战还是爆发了，第六届奥运会被迫停办。

"一战"结束后，1920 年第七届奥运会在比利时城市安特卫普举办。德国及其同盟国等"一战"元凶由于违背奥运精神而被禁止参赛。这届奥运会举行了盛大的宣誓仪式，"我代表全体运动员宣誓，为了体育的光荣和本队的荣誉，我们将以真正的体育精神参加本届奥运会，

尊重和遵守各项规则"。至今，这项仪式和誓词仍在使用，提醒着参赛者牢记"公平竞争、互相理解、友谊团结"的奥运精神。

1924 年 5 月至 7 月，第八届奥运会再次回到巴黎举办。为了让参赛者有一个舒适的居住环境，组委会修建了豪华的奥运村。在本届奥运会上，女性正式被允许参赛，从此她们成了奥运赛场上一道靓丽的风景。同年的 1 月 25 日至 2 月 4 日，巴黎奥运会开幕之前，法国在夏蒙尼举行"国际冬季体育运动周"活动，有滑雪、滑冰、冰球和有舵雪橇等比赛项目，这也是第一届冬季奥运会。从此奥运会分成夏季奥运会和冬季奥运会。

1928 年，第九届奥运会在荷兰阿姆斯特丹举行。由于参赛国家和运动员数量急剧增多，组委会在开幕式上举行了入场仪式。在希腊队的带领下，各国运动员按照国名字母顺序依次入场，后来这一仪式成为开幕式的惯例。

1932 年，美国洛杉矶承办了第十届奥运会。中国首次组队参赛，运动员刘长春参加了 100 米和 200 米短跑比赛，由于路途疲劳，他放弃了 400 米比赛。刘长春也成为我国第一位正式参加奥运会比赛的人。刘长春毕业于东北大学体育系，他和几位教练员一起从上海启程，乘坐轮船前往美国比赛。在比赛中，刘长春预赛 100 米跑出 11 秒 1 的成绩，200 米跑出 21 秒 9 的成绩，虽然未能获得奖牌，但为中国当时正在发展的体育事业做了宣传。这届奥运会上出现了一件后来引起巨大争议的事件。波兰裔美国女子短跑运动员瓦拉谢维奇以 11 秒 9 的成绩夺得冠军，并且创造了世界纪录。但 1980 年她去世后，法医却检测出她的染色体是男性，因而对她的比赛成绩提出了严重质疑。运动员的性别问题也日益成为奥委会关注的问题。

第十一届奥运会于1936年在德国柏林举行，此时世界再次笼罩在战争的阴影之中。希特勒把奥运会看成宣传纳粹德国的绝佳机会，他在比赛中疯狂发挥"主场优势"，共夺得33枚金牌，比上一届奥运会足足多出29枚。

第十二届奥运会原定1940年在日本东京举行。但日本在1937年发动了全面侵华战争，其主办资格受到极大质疑。国际奥委会随即剥夺了日本的主办权，改由芬兰首都赫尔辛基承办。但1940年，世界已经陷入第二次世界大战的泥潭中，这届奥运会被迫取消。同样，原定于伦敦举办的第十三届奥运会也被迫停办。直到1948年，第十四届奥运会才重新在伦敦开幕，日本和德国因为其战争罪行而被剥夺参赛权。同一年，在瑞士圣莫里茨还举行了第五届冬奥会。

"二战"结束之后，奥运会的国际影响力与日俱增，参赛国家和参赛人数也不断扩大。但奥运会暴露出一系列问题，比如在冷战背景下，政治对奥运会的影响开始增多，屡次出现出于政治原因抵制奥运会的情况。再比如，运动员服用兴奋剂问题突出，甚至1960年一名丹麦自行车运动员在比赛过程中因服用兴奋剂而死亡。再就是，承办奥运会的投入不断增大，其经济收益却止步不前，导致国际奥委会入不敷出。

1980年萨马兰奇出任国际奥委会主席后，对奥运会进行了大胆改革，推动了这项赛事的商业开发，取得了很好的经济效益。2008年，北

京承办了第二十九届奥运会，这是奥运历史上第一次由发展中国家承办。中国以优秀的软硬件条件、合理的赛事组织、优质的志愿者服务赢得了世界的赞誉。2022 年，北京又承办了第二十四届冬奥会，进一步向世界展示了文明、开放和包容的中国。

"奥运会之父"顾拜旦于 1920 年提出了奥运会的口号"更快、更高、更强"，短短六个字概括出运动员不畏强手、勇于拼搏、敢于胜利的精神，这也是奥运会的可贵之处。站在奥运会的赛场上，不论什么肤色、什么国家、什么阶层，只要敢于拼搏，就能赢得尊重。这种精神会一直存在，奥运会也会一届一届地办下去。

时空是可以扭曲的

人们都说爱因斯坦是个科学伟人，但伟人光鲜的背后却有着无数的痛苦与努力。人们都说伟人就是要解决一个一个的大问题，但爱因斯坦解决的却貌似只是个"天真而又显而易见"的问题：空间与时间的奥秘。

爱因斯坦是犹太人，1879 年，他出生于德国乌尔姆市。犹太家庭重视教育，因此爱因斯坦 6 岁就开始学习小提琴，12 岁开始学习数学知识，他对艰涩难懂的微积分情有独钟。后来，小提琴和数学都成了爱因斯坦一生中的最爱。

爱因斯坦早年的求学经历并不算顺利。1895 年，爱因斯坦期待着考入梦寐以求的瑞士联邦理工学院，但因成绩不佳而遗憾落榜。也是在那一年，爱因斯坦开始思考一个问题：如果一个人以光速前进，那么他会看到什么？这个"异想天开"的问题，爱因斯坦后来用了一生时间来寻找答案。

为了能够圆梦，爱因斯坦进入艾罗中学学习。经过不断的努力，他终于在 1896 年考取瑞士联邦理工学院。四年后，爱因斯坦顺利毕业。但在接下来的求职过程中，爱因斯坦却处处碰壁。他想担任大学老师，继续自己的研究，但投出去的简历如同沉入大海一样，没有什么回音。

▲拉小提琴的爱因斯坦

一年后，他获得了一份在职业技术中学担任代课老师的工作。这时的爱因斯坦已经放弃了进入大学任教的理想。

1902 年，在大学同学父亲的推荐下，爱因斯坦在伯尔尼专利局谋得一份差事，担任三级技术专家。在专利局的工作相对轻松，爱因斯坦拥有充足的时间继续进行自己的研究。短短几年时间，他完成了许多著述，提出了"光电效应""狭义相对论""统计力学"等理论，轰动了整个科学界。著名的公式 $E=mc^2$ 就是在这一时期被他提出来的。凭借出色的研究成果，1905 年爱因斯坦获得苏黎世大学博士学位。

爱因斯坦的研究是对牛顿传统物理学的升级与拓展。牛顿在 1687 年出版的《自然哲学的数学原理》一书中提出了"牛顿三大定律"和"万有引力定律"等经典物理学原理，但他的理论只适合低能、低速运动的物体。爱因斯坦探讨了时间膨胀、时间质量能力、光速等问题，适合高能高速，为人类打开了另一扇门，推动人类进入了现代物理学。

1909 年，苏黎世大学聘请爱因斯坦为物理学教授，爱因斯坦终于如愿成为大学教师。1911 年，捷克的卡尔 – 费迪南大学聘请他为教授。1912 年，母校瑞士联邦理工学院盛情邀请，爱因斯坦又担任了该校教授。此时，爱因斯坦辞去了专利局的工作，潜心进行学术研究。

1912 年，爱因斯坦开始构思"广义相对论"，1915 年正式发表了他的研究成果。"广义相对论"研究了黑洞、引力波、时空关系等学问，由于这些内容过于高深，一度引发了人们的怀疑。1919 年，英国出现了一次日食，观测队用先进的仪器进行了观测，完全证实了爱因斯坦的"光线弯曲"等理论，世界各大新闻媒体争相报道，爱因斯坦成了

那个时代最炙手可热的人物。英国《泰晤士报》不吝溢美之词，称赞他的研究是"自然科学的革命""关于宇宙的新理论""推翻了牛顿的学说"等等。爱因斯坦凭借颠覆性的研究成果，获得了1921年的诺贝尔物理学奖。

当全世界都在追捧爱因斯坦的时候，他的家乡德国却不太愿意接受他，因为他是犹太人。1920年，爱因斯坦在柏林进行演讲时，就遭到了很多反犹主义者、极端民族主义者的抵制。一些对犹太人有偏见的科学家也对爱因斯坦的理论提出质疑，引发爱因斯坦的强烈不满。爱因斯坦愤怒地写文章进行反击，他说："如果我不是犹太人，如果我是德国民族主义者，他们肯定不会攻击我的理论。"

成名之后的爱因斯坦收到了很多国家的访问邀请，从1920年开始，爱因斯坦不断进行国际旅行。他对世界各国的文化十分感兴趣，希望通过旅行了解各地的风土人情，同时也是为了躲避德国动乱的局面，特别是一些极端分子对他的骚扰。每到一地，爱因斯坦都会举办学术讲座，每次他的讲座都能引起轰动，会场人满为患。爱因斯坦有一个习惯，在演讲开始后的几分钟，他会停下来，允许那些只想看他一眼但对演讲内容不感兴趣的人离开。

1932年，美国著名学府普林斯顿大学为爱因斯坦提供了一个教职，邀请他每年到美国做5个月的学术研究。爱因斯坦欣然接受，12月他离开德国前往美国。没想到这次离开后，他再也没有返回过德国。次年1月，纳粹党上台执政，疯狂排挤犹太人，直至进行犹太人大屠杀。纳粹曾经开出天价赏金，要取爱因斯坦的性命。

▲爱因斯坦

▲伯特兰·罗素

　　1940 年，爱因斯坦加入美国国籍，同时保留了瑞士国籍。"二战"爆发之后，他把很多精力都放在呼吁和平上，提倡建立"世界政府"。1944 年，他手抄了狭义相对论的论文进行拍卖，筹集到 600 万美元用于结束战争。他反对美国对抗苏联，反对美国在战后扩军备战，反对美国制造氢弹。1952 年，以色列邀请他担任该国第二任总统时，他却拒绝了。他说："当总统不是一件容易的事，我的一生都在同客观物质打交道，既缺乏天生的才智，也缺乏经验来处理行政事务，我不适合担任如此高官重任。对我来说，方程式更重要一些。"

1955 年 4 月 18 日凌晨 1 点 15 分，76 岁的爱因斯坦在美国普林斯顿医院去世。去世前的几个月，他一直与著名学者伯特兰·罗素保持联系，两人共同签署了《罗素 – 爱因斯坦宣言》，反对使用核武器。因为爱好和平，爱因斯坦还遭受到美国麦克锡主义者的攻击，斥责他是"美国的敌人"。

爱因斯坦反对个人崇拜，他立下遗嘱不要举行任何悼念活动，也不要立墓碑。只有几位亲属和挚友在火葬场送了他最后一程，之后把他的骨灰撒到了一个永远保密的地方。

正是凭借着卓越的科研才能和敢想敢做的求真精神，爱因斯坦才使自己在科学大碑上名垂不朽，成为后人仰望的榜样。美国总统艾森豪威尔曾经说："没有什么人能比得上爱因斯坦为人类做出的巨大贡献，也没有人比他更加谦虚、更有智慧。对于生活在原子能世界的每个人来说，爱因斯坦彰显出一个人在社会中所产生的无与伦比的价值。"

计算机的诞生

1954 年 6 月 8 日清晨，女管家打开了图灵家的大门，她惊恐地发现图灵躺在床上，嘴里吐出白沫，床边放着一个咬过的苹果。警察很快赶到现场，发现苹果中含有剧毒物质，判定他为自杀。图灵把自己的人生永远定格在 41 岁。

阿兰·图灵（1912—1954）出生于英国伦敦，是世界著名数学家、逻辑学家，被称为"计算机科学之父""人工智能之父"。他也是计算机逻辑的奠基者，提出了"通用图灵机"和"图灵测试"等重要概念。为了纪念他在计算机领域的卓越贡献，美国计算机协会于 1966 年设立"图灵奖"，旨在奖励那些对计算机事业做出重要贡献的人。该奖的获奖条件极高，评奖程序也极严，一般每年仅授予 1—2 名计算机科学家，因此它也被誉为计算机科学界的"诺贝尔奖"。以"图灵"来命名计算机领域的最高奖，足见图灵在该领域的地位。

1922 年，10 岁的图灵进入肯特的哈兹勒赫斯特预备学校学习，最初对地图、国际象棋和化学十分感兴趣，后来读到《每个儿童应该知道的自然奇观》这本书，从此他的思想发生了很大变化。图灵后来回忆道，这本书开启了他的科学视野，引导他去理解人与机器之间的关系。他不由感慨："人体也是一台机器。"

▲阿兰·图灵

　　将人与机器联系在一起并非图灵的独创。早在 1747 年，法国学者就在《人是机器》一书中描述道："人体与思维的工作机制与机械相似。"图灵从小也觉得自己的身体仿佛是一台机器。这种思想指引他不断探索机器和人类之间的联系，最终促成了他在计算机和人工智能方面的伟大成就。

　　1926 年，图灵前往多塞特郡的舍伯恩学校学习。这所学校的历史可以追溯到公元 8 世纪，据说盎格鲁－撒克逊英格兰时期的阿尔弗雷德大帝曾在这里接受教育。在舍伯恩，图灵性格十分孤僻、害羞，不善言辞。他在生活上邋里邋遢，说话口齿不清，在学习上也比较普通。但在数学方面，图灵表现出过人的天赋，痴迷于《物理世界的自然》

等书籍。

1929 年，图灵报考梦寐以求的剑桥大学三一学院，结果落榜。1930 年，他继续报考该学院，再次名落孙山。1931 年，图灵第三次报考剑桥大学，这次他选择了国王学院，主攻数学等学科。凭借他在数学方面的造诣，图灵最终如愿以偿，成为剑桥大学的一名学生。

在剑桥大学学习期间，图灵的数学才能得到充分施展。他接连在重要期刊上发表文章，引起了巨大反响。1935 年，图灵直接由一名学生晋升为剑桥大学研究员，接着又赢得了英国著名的"史密斯数学奖"，成为一颗冉冉升起的科学新星。当时他只有 23 岁。

图灵性格内向，却是一名长跑健将。他的马拉松最好成绩是 2 小时 46 分，据说差点代表英国参加奥运会。1935 年，在一次长跑后，图灵疲惫地躺到草地上，仰望着天空，他的脑海中突然产生了灵感。他假想出一台机器，可以从一条纸带上读取命令、进行操作，可以模拟任何"明确程序"。后来，图灵把自己的想法写成了论文，详细地描述了这台机器的工作原理，这台机器就是"通用图灵机"。这篇论文立即引起广泛的关注，它第一次把纯数学的符号逻辑与实体世界之间建立了联系，方便人们用数学方法处理现实问题，可以说"通用图灵机"就是电脑的蓝图，为后来计算机的发展方向提供了重要参考。

1936 年 9 月，图灵受邀前往美国著名学府普林斯顿大学学习，与自己的偶像丘奇教授一同工作，1938 年获得了博士学位。毕业后，他又返回英国，在剑桥大学国王学院继续研究计算理论，并开始把理论变为现实。

▲阿兰·图灵（左一）和他的同学们

　　1939 年 9 月第二次世界大战全面爆发，英国开始不断受到德国的攻击，图灵的研究工作陷入停顿。但他关于计算机方面的成就引起军方的极大兴趣，英国外交部通信处战时情报中心邀请他加入绝密的"政府编码与密码学院"，负责破译德军的"谜"式密码。

　　"二战"中，德军研制出"谜"式密码机，能够将人们日常生活中的语言自动转换为密码文字，再通过无线电或电话线发送出去。这种机器加密能力强，即使被截获，也难以读懂里面的意思。

　　在图灵的领导下，200 多名破解专家没日没夜地工作，他们利用图灵的计算理论，几乎破解了所有使用"谜"式密码机发送的情报，帮助英军及时掌握德军的动向，为战胜纳粹作出了重要贡献。图灵也因

▲图灵从小也是运动好手，还曾差点跑进奥运会

为自己的卓越战功而被授予政府的最高奖"大英帝国荣誉勋章"。

战后，图灵又返回科研领域，继续从事计算机研究工作。他加盟英国国家物理研究所，进行"自动计算机"（ACE）的逻辑设计和具体研制工作。但ACE的研究进展缓慢，令图灵感到十分沮丧。1948年，图灵前往曼彻斯特大学计算机实验室工作，负责研发一台真正意义上的计算机"曼彻斯特一号"，并为该计算机编写了程序员手册。

图灵没有放弃对数理逻辑的研究。1950年，他提出了著名的"图灵测试"，指出了"计算机思考"的问题。测试过程主要是：由试验主持人进行提问，计算机和人分别做出回答。被测的人在回答问题时尽可能表明他是一个"真正的"人，而计算机则尽可能逼真地模仿人的思维方式和思维过程。如果主持人听取他们的答案后，分辨不清哪个是人回答的，哪个是机器回答的，就可以证明计算机具有了智能，这也就是"人工智能"技术。"图灵测试"是一项具有划时代意义的研究，使图灵成为"人工智能之父"。1951年，图灵因为在计算机领域的成就，当选为英国皇家学会会员，时年39岁。

1966年，美国计算机协会为了纪念他，专门设立了"图灵奖"。

今天，世界处在网络化信息化时代，计算机、互联网和人工智能都在一起帮助人类跨越电气化时代，进入一个更加广阔的智能化时代。在享受着信息和技术极大便利的同时，我们也要缅怀像图灵一样为技术发展作出重大贡献的科学家们。

历史人物

HISTORY

泰戈尔：诗与生命的交响

泰戈尔（1861—1941），印度文学巨匠，以深邃的诗歌、小说和哲学思想闻名。1913 年获诺贝尔文学奖，成为首位获得该奖项的亚洲人。他的作品影响深远，被誉为印度文化的象征，是世界文学的瑰宝。

晨光中启程

1861 年 5 月 7 日，拉宾德拉纳特·泰戈尔诞生于加尔各答一个充满文化气息的家庭，他是家里最小的儿子。泰戈尔的家庭氛围为这位未来的文学巨匠提供了成长的土壤。

泰戈尔在加尔各答的四所学校里度过了他的童年和青少年时期。尽管他对这些学校并无太多好感，但在长兄和姐姐的严格监督下，他接受了良好的教育。泰戈尔的文学天赋，最初是在家中培养起来的，那里充满了艺术和文化的氛围。

小托尔斯泰向往自由，对那些刻板的学校生活感到厌倦，因此，他并没有完成这些学校的正规课程。然而，泰戈尔自幼就对诗歌有着浓厚的兴趣，从 13 岁起，他就开始了自己的创作生涯。

随着年龄的增长，泰戈尔的创作才华愈发显现。13 岁之后，他陆

▲泰戈尔像

续发表了《野花》和《诗人的故事》等长诗作品。1878 年，他遵从父兄的期望，远赴英国留学。起初，他选择了法律专业，但很快发现自己对此并无兴趣，于是转而投身于伦敦大学，深入学习英国文学，并研究西方音乐。

1880 年，泰戈尔带着满腔的文学热情回到了祖国。回国后，他全身心地投入到了文学创作之中。

诗意的绽放

随着时间的推移，泰戈尔的创作领域不断扩展，他的笔触开始触及更广阔的领域。其中，他的代表作《吉檀迦利》（意为"献歌"）更是成为他文学生涯的巅峰之作。这部宗教抒情诗集在 1913 年为他赢

得了诺贝尔文学奖，使他成为亚洲第一位获得该奖项的作家。在《吉檀迦利》中，泰戈尔用他深邃的宗教情感和对人类精神的探索，书写出了人类共同的情感与追求。这部作品的英文版由泰戈尔亲自翻译，其深邃的思想和优美的语言赢得了国际社会的广泛赞誉。

除了诗歌和散文，泰戈尔的小说也展现了他对印度社会和文化的深刻洞察。在《家庭与世界》和《眼中沙》等作品中，他通过对人物命运的描绘，展现了印度社会的复杂性和人性的多样性。这些作品不仅让读者看到了印度社会的真实面貌，更让人们思考人性、社会和文化的深层次问题。泰戈尔的小说作品，如同他的诗歌一样，充满了对生命的热爱和对世界的关怀。

泰戈尔还是一位才华横溢的音乐家和画家。他创作了 2000 多首歌曲，其中包括印度国歌《人民的意志》和孟加拉国国歌《我的金色孟加拉》。这些歌曲以优美的旋律和深刻的情感，成为人们心中的经典之作。

泰戈尔对教育和社会发展也作出了重大贡献。1901 年，他在家乡建立了一所实验学校，后来发展成为著名的维什瓦·巴拉蒂大学。这所大学致力于培养具有全球视野的人才，并推广泰戈尔的教育理念。他认为教育应该与生活紧密相连，强调自由、创造力和个性的发展。这种教育理念对后世产生了深远的影响，如同一把火炬，照亮了教育改革的道路。

晚年的光辉与遗产

晚年的泰戈尔，以深邃的思想和丰富的作品，成为印度乃至世界文化界的一面旗帜。他反对殖民主义，支持印度的独立运动，呼吁民族觉醒，捍卫国家的尊严。同时，他也是国际和平与友谊的倡导者，通过他的作品和思想，传递着人类共同的情感与追求。

1941 年 8 月 7 日，泰戈尔在加尔各答逝世，但他的精神遗产和作品却永远留在了人们的心中，继续影响着世界。

泰戈尔的一生是对美、对真理、对自由不懈追求的一生。他的作品和思想，如同星辰之音，穿越时空，激励着一代又一代的人。

康定斯基：灵魂的色彩诗人

康定斯基（1866—1944），俄国著名画家，现代抽象艺术先驱。他的作品以对色彩和形式的自由表达著称，对 20 世纪的艺术产生了深远影响。康定斯基认为艺术应超越物质世界，触及精神层面。康定斯基以其创新精神和艺术实践，被广泛认为是抽象艺术的奠基人。

艺术之光的降临

1866 年，瓦西里·康定斯基出生在莫斯科，他成长于一个知识分子家庭，父亲是一位地理学家，母亲则是一位音乐家。在这样的家庭氛围中，他从小就受到了音乐和绘画的熏陶。

中学时代，康定斯基不仅成绩优异，更是展现出了对艺术的天赋和热爱。他擅长大提琴演奏，对绘画也充满了浓厚的兴趣。在莫斯科大学学习法律和经济期间，他依然保持着对绘画的热爱和追求。

1889 年，康定斯基来到沃洛格达从事民族史与民俗学调查研究。这次经历让他广泛接触了俄国民间绘画和装饰艺术，对它们的夸张、非写实的表现手法和强烈的色彩产生浓厚兴趣。

逐梦之路

1893 年，康定斯基从莫斯科大学毕业并获得博士学位。然而，他并未选择从事法律或经济学方面的工作，而是毅然决然地投身于艺术的怀抱。他放弃了大学教授的职位，前往慕尼黑追求自己的艺术梦想。在慕尼黑美术学院的学习过程中，他深受新艺术运动的影响，开始尝试将色彩和形状作为独立的艺术元素来表达自己的情感和思想。1900 年，康定斯基从慕尼黑美术学院毕业。

1903 年，康定斯基开始了欧洲及北非之行。这次旅行让他有机会实地考察各国现代艺术运动的发展状况，并加深了对欧洲文化的了解。在旅行中，他接触了新印象主义、象征主义、野兽派以及立体主义等多种艺术流派，这些流派的创新精神和对传统艺术的反叛态度深深地影响了他。

1908 年，康定斯基定居慕尼黑并开始了他的职业艺术生涯。他加入了德国表现派社团"慕尼黑新艺术家协会"，并担任首届主席。在这个社团中，他结识了众多志同道合的艺术家和批评家，还创作了第一幅抽象作品《即兴创作》。

1911 年，康定斯基退出"慕尼黑新艺术家协会"，另行组建了"青骑士派"，并出版了自己的刊物《青骑士年鉴》。这个社团以独特的艺术风格和理论观点在当时的艺术界引起了巨大的反响。康定斯基在社团中担任重要的角色，他的理论著作和创作实践为社团的发展提供

了重要的支持。

创作与理论的双重成就

康定斯基的绘画作品以独特的色彩运用和表现力而著称。他相信色彩本身具有的情感和音乐般的节奏能够触动人们的内心。他以抽象的形式表现对色彩和形状的独特见解，并创作了充满活力和动感的作品。

从他的代表作《黄·红·蓝》中我们可以清晰地感受到他对色彩的热爱和追求。这幅作品以黄、红、蓝三种颜色为主色调，通过点、线、面的组合呈现出一个充满节奏和动感的画面。色彩在画面中跳跃、交织，仿佛一首无声的交响乐在观众的心中奏响。

除了艺术创作外，康定斯基还是一位杰出的艺术理论家。他的理论著作《论艺术的精神》《关于形式问题》《点线面》等都是抽象艺术的经典之作。这些著作不仅系统地阐述了他的艺术观点，还深刻地影响了现代抽象艺术的发展。

康定斯基的一生是不断追求和探索的一生。他用自己的画笔和理论为现代艺术开辟了新的道路，是一位真正的"灵魂的色彩诗人"。

▲〔俄〕瓦西里·康定斯基《Picture XVI, The Great Gate of Kiev. Stage set for Mussorgs》

马蒂斯：绘梦者的色彩之旅

马蒂斯（1869—1954），法国著名画家，野兽派创始人之一。他的作品以大胆的色彩、简练的形式和流畅的线条闻名。马蒂斯的作品充满情感，对现代艺术产生了深远影响。他的剪纸艺术和装饰设计同样享有盛誉。马蒂斯被誉为色彩大师，他的艺术成就使其成为 20 世纪最具影响力的艺术家之一。

勒卡托的晨光

1869 年，亨利·马蒂斯出生于法国北部的勒卡托小镇。马蒂斯并非生于艺术世家，但他的母亲却对艺术有着深深的热爱。她时常带着小亨利参观镇上的画展和雕塑展，讲述那些色彩与形状背后的故事。这些经历如同一颗颗种子，悄然播撒在马蒂斯的心田，为他日后走上艺术之路埋下了伏笔。

年轻的马蒂斯并未立即踏上艺术之路。他曾在法学院学习，毕业后回到家乡在一家律师事务所上班。然而，在他 21 岁那年，一场突如其来的阑尾炎手术改变了他的命运。在病床上，他无法继续从事工作，于是开始拿起画笔，在画布上宣泄内心的情感。那一刻，他仿佛被一种神秘的力量召唤。

21 岁的这场意外，令马蒂斯的绘画热情一发不可收拾，偶然的机缘成为他一生的转折点。用他自己的话说："我好像被召唤着，从此以后我不再主宰我的生活，而它主宰我。"

康复后的马蒂斯决定放弃律师事务所的工作，转而投身艺术。他来到巴黎，在朱利安学院学习绘画，随后进入巴黎美术学院深造。

他经常去卢浮宫临摹，也会在街头写生，去各个地方旅行和采风……这个时期的积累，为马蒂斯之后的创作打下了基础。他的画作逐渐展现出独特的风格，吸引了越来越多的关注。

野兽派的诞生

巴黎，这座艺术的殿堂，见证了无数艺术家的辉煌。在这块热土上，马蒂斯逐渐崭露头角，成为艺术界的一颗璀璨新星。

1905 年，在秋季沙龙的展览上，马蒂斯的画作与毕加索等人的作品一同展出，引起了轰动。这次展览被批评家们称为"野兽派"的诞生，标志着一种全新的艺术风格正式登上历史舞台。

马蒂斯的作品以大胆的色彩和简洁的线条而著称。他不受传统绘画的束缚，敢于挑战色彩和形式的极限。在他的画作中，色彩被运用到了极致，形成了一种独特的视觉语言。这种色彩的运用不仅具有强烈的视觉冲击力，更能够深入人心，触动观众的情感。

马蒂斯的代表作有《生活的欢乐》和《舞蹈》等作品，充分展示

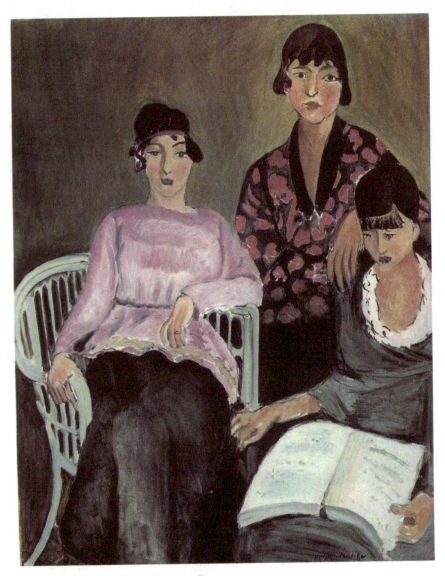

▲〔法〕亨利·马蒂斯《三姐妹》

了他对色彩和形式的深刻理解。

在《生活的欢乐》中,他运用丰富的色彩和流畅的线条,描绘了一个充满生机和活力的世界。画面中的女性形象婀娜多姿,展示着她们在大自然中的生活状态,仿佛整个世界都沉浸在欢乐之中。

在《舞蹈》中,他更是将色彩和形式的运用推向了极致。画面中的五位女性舞者手拉手围成一圈,她们雄劲有力的舞姿与背景中的蓝天绿地形成了鲜明的对比。整个画面充满了动感和活力,让人仿佛能够听到舞者们欢快的歌声和笑声。马蒂斯注重描绘人物的形体,在舞蹈姿态中展现人体的动态美。

马蒂斯不仅在绘画上取得了巨大成就,他还涉足了雕塑、版画等多个领域。他的雕塑作品中充满着粗狂、野性、大胆的风格;他的版画作品形式丰富多样,展现出了独特的艺术魅力。

生命的剪纸

晚年的马蒂斯饱受病痛的折磨。然而,即使身处病床之上,他内心的艺术之火却从未熄灭。虚弱的身体使他无法继续作画,但他找到了一种新的艺术创作方式——剪纸。在病床上,他如同一位执着的工匠,用剪刀和纸张,将内心的情感转化为一幅幅精美的艺术作品。这些剪纸作品,以简洁的线条和生动的色彩,展现了马蒂斯对生命和艺术的深沉热爱。

马蒂斯的一生都在追求艺术的极致表达。他用自己的画笔,创造

▲马蒂斯

出了一个充满色彩和生命力的艺术世界。他的作品不仅让人们感受到了美的力量，更让人们思考艺术与生活的关系。他是一位真正的艺术家，是一位用色彩和线条书写诗篇的诗人。

蒙德里安：色彩的几何诗人

蒙德里安（1872—1944），荷兰著名画家，抽象艺术运动的代表人物。以纯粹抽象的几何构图和基本色彩（红、黄、蓝）闻名。蒙德里安的"新造型主义"理念，强调艺术应反映宇宙的普遍秩序。他的作品对现代设计和建筑有深远影响，被誉为现代艺术的革新者和抽象艺术的先驱。

追寻纯净的光影

皮特·科内利斯·蒙德里安出生在荷兰的阿麦斯福特一个普通的家庭。自幼，他便对色彩和形状有着超乎寻常的敏感。那些看似平常的线条和形状，在他眼中仿佛拥有无尽的魔力。

1892 年，二十岁的蒙德里安进入阿姆斯特丹的国立艺术学院，开始了他艺术生涯的学院派训练。在这里，他不仅打下了坚实的写实基础，也深受十七世纪荷兰绘画风格的影响。之后，印象主义、象征主义和表现主义的熏陶让他逐渐摆脱了海牙画派的表面形式，开始探索自己的艺术语言。

1903 年，蒙德里安凭借一幅精湛的"静物"作品赢得了艺术家会

▲蒙德里安

的认可，这不仅坚定了他将绘画作为终身职业的决心，也让他的作品在严谨的构图和豪放生动的笔触中，展现出现代与古典的完美结合，逐渐在同辈画家中脱颖而出。

1909 年，蒙德里安经历了一次深刻的思想转变。他加入了"荷兰通神论者协会"，接触了新柏拉图主义和多神论思想，这让他开始深入思考人类存在的意义。这次自我思想的革命，也引领他的艺术创作走向了新造型主义的新方向。

1911 年，蒙德里安在巴黎目睹了毕加索和布拉克等立体派大师的作品，深受震撼。立体派对立体形态和"明确客观"的追求，与蒙德里安的艺术理念不谋而合。在巴黎，他深入研究并吸收了立体派的绘画精髓，并在自己的所见所感中加入了音乐性作品的节奏感，逐渐形成了自己独特的抽象绘画风格。

1914 年，随着第一次世界大战的爆发，蒙德里安回到了荷兰。在这里，他并没有因为战争的阴霾而停下艺术探索的脚步，反而更加专注于"绘画中的新造型"。他集结了一批志同道合的艺术家，共同激荡出新造型主义的火花，为 20 世纪的艺术史留下了浓墨重彩的一笔。

色彩的革命

1916 年，蒙德里安结识了荷兰哲学家苏恩梅克尔。苏恩梅克尔推崇新柏拉图体系，自称"积极的神秘主义"或"造型数学"。他认为，造型数学意味着有条不紊地思考，而积极的神秘主义则是将想象中的现实转化为理性控制的结构，以便在自然界中重新发现这些结构。这种理论与蒙德里安的艺术追求不谋而合，对他产生了深远的影响。

1917 年，蒙德里安与另外两位艺术家奥特·凡·杜斯堡和巴特·凡·德·莱克携手共创了一个名为"风格派"的艺术社团，并以此为名发行了一份杂志，标志着以蒙德里安为首的抽象艺术理论体系的诞生。其中，一篇名为《造型艺术与纯粹造型艺术》的文章，更是成为蒙德里安抽象艺术理论的基石。他提出："抽象艺术的核心，在于

▲〔法〕皮特·科内利斯·蒙德里安《红、黄、蓝的构成》

追求艺术的平衡。"

蒙德里安的抽象画作摒弃了所有的曲线，画面上只有直角和色块。他的作品《构图》就充分展示了这一特点。这幅画面积不大，但每一个色块、每一条直线都仿佛诉说着他对平衡的执着追求。他曾说："我不断剔除曲线，直至画面仅由直线和横线构成，形成十字形，各自独立却又和谐共存。直线和横线是一对对立的力量，而这种对立的平衡无处不在，掌控着一切。"

在追求这种平衡的过程中，蒙德里安试图从色块和形状的组合中找到所谓的"表里平衡、个性与集体平衡、自然与精神的平衡"。他的这种艺术追求，旨在摆脱自然的外在束缚，追求一种"绝对的境界"。因此，人们称他的这种抽象艺术为"冷抽象"，以区别于同时代俄国画家康定斯基热烈与奔放的抽象艺术风格。

到了后来，蒙德里安完全摒弃了肉眼所见的实物，将绘画语言简化为最基本的元素：直线、直角、三原色（红、黄、蓝）和三非原色（白、灰、黑）。他称这种绘画风格为新造型主义，并创作了大量这样的作品，如《红、蓝、黄的构成》。这幅创作于1930年的画作，虽然只有51厘米见方，但其中的每一个元素都凝聚了蒙德里安对平衡与和谐的追求。

永恒的艺术成就

随着蒙德里安的声名日盛，他的作品开始受到越来越多人的关注

和赞誉。

蒙德里安的艺术生涯，是对形式和色彩无限探索的旅程。他晚年的作品更是将这一探索推向了新的高度。在其《纽约市》系列作品中，他运用大胆的构图和轻快的节奏，将抽象艺术与城市生活完美融合。

1944 年，蒙德里安病逝。他的一生虽然短暂，但却留下了无数令人惊叹的艺术瑰宝。他的几何抽象主义风格不仅影响了整个欧洲的艺术界，还深远地影响了后来的极简主义、概念艺术等多个艺术流派。蒙德里安用自己的画笔，为艺术界带来了一场色彩的革命。

罗素：真理的旅者

伯特兰·罗素（1872—1970），英国哲学家、数学家、逻辑学家和作家。他在数理逻辑和分析哲学领域有开创性贡献，与怀特海合著《数学原理》。罗素以清晰的思想体系和对和平、社会正义的倡导而著称，曾获得1950年诺贝尔文学奖。他的作品对20世纪哲学和文化产生了深远影响，被视为思想界的巨人。

智慧的启航

伯特兰·阿瑟·威廉·罗素出生于英国蒙茅斯郡特雷勒克附近的雷文斯庄园。罗素自幼聪颖好学，对数学和哲学表现出浓厚的兴趣。

1890年，罗素考入剑桥大学，前三年主攻数学，后转攻哲学，他在这里结识了众多志同道合的学者，共同探讨数学和哲学的奥秘。他的天赋和勤奋很快得到了认可，不久便在数学领域崭露头角，成为一颗璀璨的学术新星。

然而，罗素并未满足于数学领域的成就。他深知，数学只是探索真理的工具之一，而哲学则是更广阔的天地。于是，他开始将更多的精力投入哲学研究中，希望从更深的层次上理解世界。他批判了当时

的唯心主义哲学，主张将哲学与科学紧密结合，以实证的方法探究世界的本质。他的这一思想在当时引起了广泛的关注，也使他成为哲学界的一颗耀眼新星。

真理的追寻

伯特兰·罗素的哲学思想经历了一系列深刻的转变。从绝对唯心主义到逻辑原子论，再到新实在论和中立一元论，罗素的思想轨迹清晰而深邃。他在数理逻辑领域的贡献尤为突出，被誉为现代分析哲学的奠基人之一。

作为一位数学家和逻辑学家，罗素与怀特海共同撰写的《数学原理》一书，被视为现代数理逻辑的基石。他提出的"罗素悖论"不仅推动了 20 世纪逻辑学的发展，也对数学史产生了深远的影响。他主张的逻辑主义，在一定程度上推动了数学的进步。

罗素对历史的热爱同样令人钦佩。在《西方哲学史》一书中，他以独特的历史视角审视哲学思想的发展，其深刻的历史洞察力和哲学见解，使这部作品成为哲学史上的经典之作。

在教育领域，罗素的贡献同样不可忽视。他主张教育应培养学生追求真理的意识和能力，而非盲目相信某种信条。他提倡的教育方法，强调讨论而非讲授，鼓励学生发表自己的意见，使教育内容更贴近学生的兴趣。罗素认为，教育不应使人轻信，而应培养独立思考的能力。他在《论教育：特别是儿童早期教育》一书中，进一步阐述了自己的

▲罗素

教育理念，并亲自创办了一所学校，尽管最终未能取得预期的成功，但他对教育的探索和实践，对后世产生了深远的影响。

此外，罗素还是一位杰出的文学家，尽管直到 80 岁才开始创作小说。他的小说作品有《x 小姐科西嘉历险记》《近郊的撒旦》和《显要人物的噩梦》，其中后两部以寓言形式和深刻的思想，在英国文学中占有一席之地。罗素的散文同样以独特的风格和深刻的见解，在英国文学史上留下了浓墨重彩的一笔。

灯塔的照耀

伯特兰·罗素，这位 20 世纪的哲学巨人，他的生命历程如同一部波澜壮阔的史诗。当代哲学家格雷林在《罗素》一书的开篇，用简洁而深刻的语言概括了罗素的一生："罗素活得很长，做了很多事。"这句话不仅指的是罗素活得时间长，更凸显了他生命中的活力与创造力。

从 1895 年发表第一篇署名文章，到 1970 年去世，罗素始终保持着笔耕不辍的勤奋精神。在这漫长的岁月里，他共出版了 70 本书，发表了超过 2000 篇文章。

1950 年，罗素获诺贝尔文学奖，授奖词为：表彰他所写的捍卫人道主义理想和思想自由的多种多样意义重大的作品。

丘吉尔：铁血雄狮的传奇人生

温斯顿·丘吉尔（1874—1965），英国政治家、演说家、作家，"二战"期间担任英国首相，以坚定的领导力和鼓舞人心的演讲著称。他的战略决策和不屈不挠的精神，对盟军胜利发挥了至关重要的作用。

雄狮初醒

19 世纪后期的英国，一个辉煌与变革交织在一起的时代，正是在这样的历史背景下，温斯顿·伦纳德·斯宾塞·丘吉尔于 1874 年 11 月 30 日在布莱尼姆宫出生。

丘吉尔的童年并非一帆风顺。他成长于一个政治氛围浓厚的家庭，父亲伦道夫勋爵的仕途波折让他从小就感受到了政治斗争的残酷。他热爱学习，对知识有着无尽的渴望，无论是历史、文学还是军事战略，他都如饥似渴地汲取着。

早年，丘吉尔进入哈罗公学和桑赫斯特皇家军事学院深造。在军校的日子里，他锤炼了自己的意志，学会了如何成为一名优秀的军人。毕业后，他毫不犹豫地投身军队，开始了自己的军旅生涯。

然而，他并未满足于仅仅成为一名普通的军官，他渴望更广阔的天

地、更激烈的挑战。于是，丘吉尔选择了成为一名战地记者。他深入前线，用笔和镜头记录下战争的残酷。他亲身经历了炮火的洗礼和与战友们的生死离别，这些经历让他更加深刻地理解了战争的残酷性。

在战地记者的生涯中，丘吉尔不仅锤炼了自己的意志和胆识，更积累了丰富的人生经验和政治智慧。

风暴中的舵手

20 世纪初，随着政治风云的变幻，丘吉尔开始在政治舞台上崭露头角。他凭借过人的才智和对政治的敏锐洞察，先后在内阁中担任了多个重要职位，包括内政大臣和海军大臣。这些职位不仅让他深入了解了国家的运作机制，还锻炼了他的领导力和决策能力。

丘吉尔的政治生涯并非一帆风顺。第一次世界大战期间，他参与了加里波利战役的指挥，但这场战役最终以失败告终，给丘吉尔带来了沉重的打击和广泛的争议。许多人质疑他的决策能力和战略眼光，甚至有人要求他引咎辞职。面对这样的困境，丘吉尔并未选择逃避，而是勇敢地承担责任，并从中吸取教训。

第二次世界大战爆发后，丘吉尔临危受命，担任了英国首相。面对纳粹德国的侵略，他以坚定的决心和毫不动摇的信念，领导人民直面战争。他深知这是一场关乎国家存亡和民族尊严的战斗，因此他竭尽全力，动员全国上下共同抗击法西斯。

在这个关键时刻，丘吉尔的雄辩口才和激励人心的演讲起到了至关重要的作用。他多次发表演讲，鼓舞士气，激发全国人民的爱国热情。他"永不放弃"的精神，不仅激励了英国人民，更成为世界反法西斯斗争的象征。在他的带领下，英国人民团结一心，最终取得了战争的胜利。

诺贝尔文学奖获得者

晚年的丘吉尔，除了是一位政治家外，还是一位多才多艺的艺术家。他热爱写作和绘画，将自己的思想和情感倾注其中。他的《第二次世界大战回忆录》不仅是一部重要的历史文献，更是一部感人至深的文学作品。通过这部作品，他向世人展示了自己对战争的深刻反思和对人性的洞察。这部作品最终获得了诺贝尔文学奖，成为他人生中的又一辉煌成就。

丘吉尔的一生，是传奇的一生。在那个充满挑战和危机的时代，丘吉尔以坚定的信念和卓越的领导力，带领英国人民走向了光明的未来。并且致力于世界反法西斯统一战线的建立，为世界反法西斯战争的胜利作出了突出的贡献。他传奇的一生将永远得到人们的敬畏。

安娜·巴甫洛娃：芭蕾女皇的传奇人生

安娜·巴甫洛娃（1881—1931），俄罗斯芭蕾舞剧的传奇人物，被誉为"芭蕾舞之母"。她以精湛的舞蹈技艺和优雅的表演风格闻名于世，是 20 世纪初芭蕾舞剧的代表人物之一。巴甫洛娃为芭蕾舞剧艺术的发展作出了巨大贡献，她的巡演促进了芭蕾舞在全球的普及，提升了芭蕾舞剧在国际舞台上的地位。她的影响力延续至今，对后世的芭蕾舞者和编舞家产生了深远的影响。

贫民窟中的芭蕾舞种子

1881 年，圣彼得堡的一个贫民家庭里，诞生了一个名叫安娜·巴甫洛娃的小女孩。她的父亲是一名农民出身的士兵，母亲则是一位辛勤的洗衣工。尽管生活艰难，但小安娜却怀揣着成为芭蕾舞演员的梦想。她在八岁时，观看了一场《睡美人》的演出后，她便立志要成为一名芭蕾舞者。从那时起，她的心中就种下了一颗芭蕾舞的种子。

舞蹈学校的挑战与机遇

十岁时，安娜凭借着自己的才华和执着，考入了圣彼得堡舞蹈学校。然而，在学校的初期，她并不被看好。由于身体条件并不出众，她一度面临被退学的命运。但幸运的是，一些有远见的编舞者看到了她身上的潜力，决定给她一个机会。经过九年的艰苦训练，安娜终于脱颖而出，成为了马林斯基剧院芭蕾舞团的一员，并迅速升为该团的首席女演员。

芭蕾女皇的诞生

安娜在演艺生涯中主演了众多经典芭蕾舞剧，如《天鹅湖》《睡美人》《胡桃夹子》等，她的每一个动作都充满了生命力，仿佛赋予了角色灵魂。她专注而严谨，每一次旋转和跳跃都透露出她对舞蹈的无尽热爱和对完美的追求。

她的成功并非偶然，而是源于对舞蹈的深切热爱和不懈追求。无论何时何地，安娜总是在训练、总是在彩排，荣誉对她而言，只是新的起点，而非终点。

1909 年，安娜在巴黎的"俄罗斯演出季"中首次亮相，这次表演轰动了整个巴黎，甚至轰动了全世界。她的舞蹈才华和独特的艺术风格赢得了观众的热烈掌声和赞誉，她的名字一夜之间传遍了全世界。

随后，安娜组建了自己的小型芭蕾舞团，开始了她的世界巡演之旅。在长达二十年的时间里，她的脚步遍及 44 个国家，演出了数千场，观众无数。她的巡演不仅让芭蕾舞艺术在世界各地生根发芽，更让一些国家的芭蕾舞艺术焕发了新的生机。

不朽的《天鹅之死》

在安娜的演艺生涯中，有一部作品不得不提，那就是《天鹅之死》。这部作品原本是为她编排的一段独舞，以弥补男舞伴临时缺席的遗憾。然而，这部作品却意外地成为了她的代表作，并在各国舞台上经久不衰，成为了世界芭蕾舞的经典之作。在《天鹅之死》中，安娜表演细腻、心理刻画深入细致，将天鹅的优雅和坚韧展现得淋漓尽致。这部作品不仅展示了她的舞蹈才华，更传递了她对生命的热爱和对艺术的执着追求。

永恒的芭蕾女皇

1931 年 1 月 23 日，安娜在荷兰海牙准备演出时突然离世。她留下了一句催人泪下的遗言："把我的天鹅裙准备好！"这句话不仅表达了她对芭蕾艺术的热爱和执着追求，更展现了她作为芭蕾女皇的自信和风采。虽然她已经离开人世多年，但她的精神和艺术魅力却永远留在了人们的心中。

安娜·巴甫洛娃的一生是传奇的。她从一个贫民窟中的小女孩成长为世界著名的芭蕾皇后，用自己的才华和努力为芭蕾艺术作出了不可估量的贡献。她的故事将永远激励着无数热爱芭蕾舞的人们不断追求自己的梦想和理想。

乔伊斯：跨越时空的文学灵魂

詹姆斯·乔伊斯（1882—1941），爱尔兰作家、诗人，后现代文学的奠基人之一，其作品和"意识流"思想对世界文学创作产生了深远影响。乔伊斯的作品挑战传统叙事结构，丰富了小说的形式和内容，被认为是文学的革新者和现代主义文学的巨匠。

初露锋芒

詹姆斯·乔伊斯于 1882 年 2 月 2 日诞生于爱尔兰的一个普通家庭，但他的一生却充满了传奇。

乔伊斯的童年是在都柏林度过的。他在这里度过了无忧无虑的童年时光。乔伊斯的父亲是一位坚定的民族主义者，对爱尔兰的独立和自由充满了执着与追求。这种民族精神深深地影响了乔伊斯，使他在创作中始终关注着民族问题和社会现实。他的母亲则是一位虔诚的天主教徒，这种宗教信仰的熏陶也体现在乔伊斯的作品中，使他的作品充满了对信仰和道德的探讨。

青年时期的乔伊斯展现出了对文学的浓厚兴趣和非凡才华。他热爱阅读，广泛涉猎各种文学作品，从古典名著到现代佳作，他都如饥

似渴地阅读着。同时，他也开始尝试自己创作，用文字来表达自己的
思想和情感。

文学探索

1904 年开始，乔伊斯辗转于法国、瑞士和意大利，在欧洲大陆的
生活十分艰辛，最终定居于巴黎。这些不同的城市和文化背景，为他
的创作提供了丰富的素材和灵感。

在巴黎期间，乔伊斯开始创作他的第一部重要作品《都柏林人》。
这是一部短篇小说集，通过对都柏林市民日常生活的描绘，展现了乔
伊斯对人性的深刻洞察。小说故事涉及爱情、婚姻、家庭、社会等多
个方面，以细腻的笔触和生动的情节，勾画出了一幅幅真实而鲜活的
都柏林生活画卷。然而，这部作品在最初并未受到出版商的青睐，乔
伊斯历经波折，才终于在 1914 年使其得以问世。

1918 年，乔伊斯的代表作《尤利西斯》开始在杂志上连载，首次
出版于 1922 年。这部小说以一天之内的时间为背景，通过描述三位都
柏林人在一天之内的种种经历，展现了都柏林社会的各个方面。小说
以复杂的结构、丰富的语言和深刻的主题，成为现代主义文学的巅峰
之作。乔伊斯在《尤利西斯》中运用了意识流、内心独白等现代主义
手法，打破了传统小说的叙事模式，为读者呈现了一个真实而复杂的
世界。

在欧洲大陆的漂泊和创作中，乔伊斯逐渐形成了自己独特的文学

▲乔伊斯

风格和思想体系。他通过对都柏林市民生活的描绘，展现了人性的复杂性和社会的多样性。他的作品不仅深受读者喜爱，也对后来的文学创作产生了深远的影响。

晚年辉煌

乔伊斯的晚年，尽管身体状况不佳，但他的创作并未停歇。1939年，他完成了最后一部长篇小说《芬尼根的守灵夜》。这部作品以独特的语言游戏和梦境般的叙事风格，再次展现了乔伊斯对英语语言的革新和探索。

《芬尼根的守灵夜》的创作过程异常艰难，乔伊斯在写作过程中遭受了严重的眼疾，这使得他不得不依赖助手来完成写作。最终，这部作品的出版，为乔伊斯的文学生涯画上了圆满的句号。

罗斯福：新政的舵手

在 20 世纪的美国历史上，有一位总统以卓越的领导力和深远的影响力，成为国家的灯塔。他的名字是富兰克林·德拉诺·罗斯福（1882—1945），一位在风云变幻的年代中，引领美国走向繁荣的总统。

青年与成长

富兰克林·德拉诺·罗斯福于 1882 年出生在美国纽约海德公园。他的父亲是外交界和商界的活跃人物，他的母亲出身上层社会并受过国外教育。家族的教育无声无息地影响着他的思想，塑造着他的品格。

1900 年，罗斯福踏上了求知的旅程，最终在哈佛大学找到了属于自己的天地。那里的学术氛围浓厚，师生之间的思想交流碰撞，激发了他的求知欲。大学期间的罗斯福一直对政治比较关心，从哈佛毕业之后，他渴望进一步学习，于是他进入哥伦比亚法学院深造。毕业之后的罗斯福进入了律师事务所当律师。

1910 年，不到三十岁的罗斯福当选为纽约州的参议员，这是他政治生涯的起点。从此，他开始了漫长的政治旅程，逐渐崭露头角，成为政坛上的一颗新星。

挑战与变革

1921 年，罗斯福遭遇了生命中最大的变故。那一年，他不幸患上了脊髓灰质炎，这场疾病如同冷酷的刽子手，无情地剥夺了他行走的能力，从此他只能依靠轮椅。

面对身体的重创，罗斯福没有沉沦，而是选择了坚强。尽管他忍受着病痛的折磨，却从未放弃对知识的追求和对公共事务的关心。

在漫长的康复过程中，罗斯福不断锤炼自己的意志，他对未来的信念愈发坚定。他将自己的经历转化为对公共事务的深刻理解，开始思考如何通过自己的努力来改善社会的现状。

1933 年，罗斯福终于迎来了他人生的巅峰时刻。他成功当选为美国总统，成为这个国家的最高领导者。然而，他将要面对的是一个满目疮痍、危机四伏的国家。大萧条的阴影笼罩着整个美国，民众生活在贫困和绝望之中。面对这样严峻的考验，罗斯福没有退缩，而是果断地采取了行动。

他提出了一系列经济复苏计划，这些政策被统称为"新政"。新政的推出，如同春风吹拂着这片饱受摧残的土地，为美国带来了新的生机和希望。罗斯福对金融体系进行了改革，稳定了市场；他支持农业发展，提高了农产品的价格；他还为失业者提供了救济，帮助他们渡过了难关。这些政策的有效实施，不仅缓解了经济危机，更增强了民众对政府的信心和对未来的希望。

▲ 罗斯福雕像

战争与和平

第二次世界大战爆发后，罗斯福的领导力再次受到考验。他坚定地支持同盟国，与国内的孤立主义展开了坚决的斗争。1941 年 12 月 7 日，日本偷袭珍珠港，美国正式加入"二战"。罗斯福以坚定的决心和卓越的战略眼光，领导国家走向胜利。

罗斯福在战争期间的决策，不仅对战争的胜利起到了关键作用，也为战后的国际秩序奠定了基础。1945 年 4 月 12 日，罗斯福在任期内去世。

罗斯福从 1932 年起连任 4 届美国总统，他用自己的行动证明了，即使身体残疾，也能成为国家的栋梁之材；即使面临困境，也能带领国家走向繁荣和富强。罗斯福的一生，是美国历史上一段不朽的传奇。

卡夫卡：梦魇中的觉醒

弗兰茨·卡夫卡（1883—1924），西方现代主义文学的代表人物。他以超现实主义、荒诞主义风格和对人类存在困境的深刻描绘而著称。代表作《变形记》《审判》和《城堡》探讨了个体与权威、社会的关系。卡夫卡的作品对 20 世纪文学产生了深远影响，被视为现代文学的先驱。

早年生活与创作

弗兰茨·卡夫卡于 1883 年 7 月 3 日出生在奥地利布拉格。他的父亲是一个成功的商人，但却毫无温情可言，对卡夫卡的教育极其严格，并对其抱有极高的期望。卡夫卡在父亲的"绝对权威"下长大，这种父子关系对他的写作产生了深远的影响。

1901 年，卡夫卡踏入了布拉格的卡尔·费迪南德语大学的殿堂，他最初学是化学、日耳曼语言文学和艺术史，但不久后，他转而学习法律。

在 1903 至 1904 年间，卡夫卡的创作才华开始绽放，他撰写了《一场斗争的描写》的第一稿。随后，在 1907 年，他不仅继续创作这部作

品，还开始孕育其他的文学种子，尽管这些作品后来不幸遗失。

1908 年，卡夫卡的文学创作迎来了春天。同年 3 月，他的作品首次在《希佩里昂》杂志上发表，标志着他正式步入了文学的舞台。

1910 年，卡夫卡在《波希米亚德文报》上发表了一组名为《观察》的短篇散文，同年 10 月，他与朋友一同踏上了前往巴黎的旅程。1911 年夏天，卡夫卡与朋友游历了苏黎世、卢加诺、梅腊诺和巴黎等地，之后他独自在苏黎世附近的疗养地静养，并创作了《旅游日记》。

1912 年，卡夫卡的创作生涯达到了一个新的高峰，他开始创作长篇小说《下落不明的人》（后被称为《美国》）。在这一年，他还创作了《判决》和《变形记》，并且他的第一本作品《观察集》得以出版。

1913 年，卡夫卡的《司炉》发表，同时，他的脚步也未曾停歇，游历了维也纳、威尼斯和里瓦等地，继续在文学的道路上探索和前行。

文学成就与影响

卡夫卡的作品，常常以一种超现实的手法，通过荒诞不经的情节和场景，将读者带入一个充满隐喻和象征的世界。这些隐喻和象征不仅丰富了作品的表现力，更使得作品具有了更为深刻的内涵和意义。他的作品对后来的作家产生了深远的影响，成为现代文学史上不可或缺的一部分。

在《变形记》中，卡夫卡用"人变成甲虫事件"来隐喻个体在社会中的异化状态。主人公格雷戈尔·萨姆沙一夜间变成了甲虫，这一

▲卡夫卡雕像

荒诞的设定却让人深感震撼。这只巨大的甲虫，不仅是萨姆沙身体的变形，更是他心灵和精神的异化。他失去了作为人的身份和尊严，被社会所排斥和抛弃。这种异化的状态，正是现代社会中许多人在面对权威和压迫时所感受到的无力感和绝望感。

在《审判》中，主人公约瑟夫·K被一个不透明的司法系统所困扰。他不知道自己为何被逮捕，也不知道自己将面临怎样的审判。整个司法系统如同一个巨大的黑洞，吞噬着他的生命和尊严。而《城堡》则描绘了一个永远无法接近的权力中心。村民们为了获得城堡的认可而不断努力，但始终无法跨越那道看似近在咫尺却又遥不可及的界线。这两个故事都揭示了权力机构对个体的压迫和束缚，以及个体在权力面前的渺小和无力。

晚期作品

卡夫卡生前被肺病困扰数年，但他的创作并未因此而停止。当病痛如影随形，他顽强地与疾病抗争，同时继续着他的文学探索。他构思出了一部又一部深邃的作品，其中最为著名的便是《美国》以及一系列短篇故事。这些故事虽然篇幅短小，但却蕴含着他对人性、社会、权力等议题的深刻思考。这些作品不仅延续了他一贯的文学风格，而且在深度上有了更为丰富的拓展。

《美国》这部未完成的巨著，是卡夫卡对现代社会的一次深刻批判。他通过主人公卡尔·罗斯曼的遭遇，揭示了现代社会中个体与制度的冲突，以及人性的复杂与矛盾。这部作品虽然未完成，但其中的思想深度和文学价值已经足以让后世铭记。

在生命的最后阶段，卡夫卡留下了许多未完成的作品，这些作品在他去世后，由他的朋友和编辑们整理出版，成为现代文学的经典之作。

杜尚：玩世不恭的艺术家

在 20 世纪的艺术世界中，法国艺术家马塞尔·杜尚（1887—1968）以开创性的艺术实践，成为实验艺术的领军人物。他的名字与"现代艺术的守护神"这一称号紧密相连，对第二次世界大战前西方艺术的发展产生了深刻影响。杜尚不仅是达达主义和超现实主义这两个艺术流派的杰出代表，更是它们的奠基者之一。

艺术觉醒

马塞尔·杜尚，这位在 20 世纪艺术史上留下浓墨重彩一笔的艺术家，于 1887 年 7 月 28 日在法国的布兰维尔降生。

杜尚的家族成员中不乏艺术家和知识分子，他们的思想和行为深深地影响了杜尚。在这样的家庭环境中，杜尚从小就对艺术产生了浓厚的兴趣，对绘画、雕塑等艺术形式有着天然的好奇心和探索欲。

在杜尚的艺术生涯中，他的早期教育经历尤为重要。他曾在巴黎的朱利安美术学院接受传统的绘画训练。在那里，他学习了绘画的基本技巧和理论知识，对艺术有了更为深入的了解和认识。

在朱利安美术学院的学习期间，杜尚开始尝试将自己的思考和感

▲杜尚

受融入到作品中。

在杜尚的艺术生涯初期,他的作品如《布兰维尔的风景》等,并未展现出后来那种天才般的闪光点。然而,随着对立体主义探索的不断深入,尤其是在创作《研磨机》和《下楼的裸女》的过程中,杜尚开始对传统静物美学产生怀疑,他反对仅凭视网膜的感性美,这标志着他思想的转变。

艺术革命

1917 年，马塞尔·杜尚以一种颠覆传统的艺术行为，将一个普通的男用小便池赋予了艺术之名——《泉》，并郑重其事地签上自己的名字，送至美国独立艺术家展览，挑战了艺术界对美的传统定义。这一行为不仅因其大胆而成为现代艺术史上的标志性事件，也因对艺术大师们作品的讽刺意味而备受争议。

《泉》这件作品的出现，彻底颠覆了人们对艺术的传统认知。它挑战了艺术与日常生活物品的界限，提出了一个引人深思的问题：何为艺术？杜尚通过这一行为，让艺术从高高在上的殿堂中走下来，进入普通人的生活之中，从而引发了关于艺术定义的广泛讨论。

1919 年，杜尚再次以一种戏谑的方式，用铅笔为达·芬奇的名作《蒙娜丽莎》添上了小胡子，创作出了"带胡须的蒙娜丽莎"，这一作品以幽默和讽刺，成为西方绘画史上的另一件名作。

杜尚的一系列作品，如《下楼的女人》《L.H.O.O.Q.》《大玻璃》《泉》《现成的自行车轮》，都展现了他在 20 世纪实验艺术中的先验探索。凭借这些作品，杜尚被誉为"现代艺术的守护神"，对第二次世界大战前的西方艺术产生了深远的影响，成为达达主义和超现实主义运动中不可或缺的代表人物。

艺术贡献

晚年的杜尚创作了《给予：1、瀑布2、燃烧的气体》，这件作品成为他艺术生涯中一个神秘而独特的篇章。

这件作品的发现其实是一种偶然，它被杜尚秘密地创作并隐藏在一扇特制的门后，直到他去世后才被人发现。

《给予》不仅是一件视觉艺术作品，更是一种体验艺术，它要求观众通过一个小洞窥视，从而发现一个由杜尚精心构建的三维场景。这个场景包括一位裸体女性和一片荒凉的风景，其中瀑布和燃烧的气体是场景中的主要元素。

1968 年 10 月 2 日，这位伟大的艺术家在法国诺曼底的一个小镇上安详离世，但他的艺术遗产和思想却永远地留在了这个世界上。

杜尚的一生，是与艺术传统和常规思维不断斗争的一生。他用自己的才华和勇气，打破了艺术的桎梏和束缚，为艺术界带来了新的生命力和活力。他的作品以其独特的风格和深邃的思想，成为现代艺术史上的瑰宝和经典。

维特根斯坦：逻辑与语言的舞者

路德维希·约瑟夫·约翰·维特根斯坦（1889—1951），20世纪最有影响力的哲学家之一，师从英国著名作家、哲学家罗素。维特根斯坦的哲学思想主要集中在数学哲学、精神哲学和语言哲学等领域。

哲学觉醒

少年时期，维特根斯坦对机械和技术表现出了浓厚的兴趣，10岁时，他便成功制作了一台简易而实用的缝纫机。最初，他的志向是物理学，曾梦想成为著名物理学家路德维希·玻尔兹曼的门徒。不幸的是，玻尔兹曼在1906年自尽，使得维特根斯坦的这一梦想破灭。

之后，维特根斯坦决定投身于工程领域。1906年，他前往柏林深造机械工程。1908年，他转至英国曼彻斯特的维多利亚大学，攻读航空工程和空气动力学。在这一时期，为了深入理解螺旋桨的工作原理，维特根斯坦不仅钻研了相关技术，也被数学的基本原理所吸引。他研读了罗素和怀特海合著的《数学原理》以及戈特洛布·弗雷格的《算术基础》。

1911年夏，维特根斯坦拜访了弗雷格，并在这位逻辑学家的建议

▲ 维特根斯坦

下，前往剑桥大学学习，成为罗素的学生。他与罗素建立了深厚的师生情谊，罗素称这场相识是他一生中"最令人兴奋的智慧探险之一"。

在剑桥大学学习期间，维特根斯坦深入研究了哲学，并逐渐形成了自己独特的哲学思想。他主张哲学的本质在于语言，认为语言是人类思想的表达，是整个文明的基础。他试图消解传统形而上学的唯一本质，为哲学寻找新的发展方向。

战火中的哲学探索

第一次世界大战的爆发打断了维特根斯坦的学术生涯。他毅然决定加入军队，为国家效力。在战场上，他利用空闲时间继续对哲学进行思考，并完成了《逻辑哲学论》的初稿。

《逻辑哲学论》是维特根斯坦的代表作，书中涉及逻辑图像论、语言有界限、逻辑和世界的关系等观点，这些观点对分析哲学产生了深远影响，但也因简化语言和逻辑能力受到争议。维特根斯坦后期的作品对其早期观点进行了反思和修正。这部著作为他赢得了哲学界的广泛赞誉，标志着他哲学思想的成熟。

这时候的维特根斯坦认为所谓的哲学问题已被解决，于是前往奥地利南部山区，投身教育改革运动，成为一名小学教师。

剑桥的哲学回响

1929 年，维特根斯坦重返剑桥大学，后留在剑桥大学教授哲学。他将自己的哲学思想传授给来自世界各地的学生，并在课堂上展现出了无比的激情和智慧。他的教学风格独特而深刻，吸引了无数热爱哲学的年轻人。

在剑桥大学任教期间，维特根斯坦的哲学思想得到了进一步的深化和发展。他提出了"语言游戏"的概念，强调语言的使用方式取决于特定的社会和文化背景。这一思想不仅为语言学和哲学带来了新的启示，也为后来的哲学家和学者提供了宝贵的思考方向。

1947 年，维特根斯坦从剑桥辞职，专心思考、写作。

1951 年 4 月 29 日，维特根斯坦因病离世。他在逝世前的最后一句话是"告诉他们，我已经有过非常精彩的人生"。

维特根斯坦去世后，由其学生整理出版了被认为是引导了语言哲学新走向的《哲学研究》。他的一生是传奇的一生，被罗素称为是"天才人物的最完美范例"。

希特勒：从士兵到独裁者

阿道夫·希特勒（1889—1945），德国纳粹党创始人，1933—1945年担任德国总理和元首。他推行极权主义，发动第二次世界大战，导致了世界范围内的巨大破坏和生命损失。

迷失的野心

阿道夫·希特勒，1889年4月20日出生于奥地利布劳瑙的一个普通的家庭。他的童年和青少年时期充满了动荡和叛逆，这些经历在很大程度上塑造了他后来的世界观。希特勒在年轻时表现出了对艺术的热爱，曾报考维也纳艺术学院，但未被录取，未能实现成为画家的梦想。

第一次世界大战，这场人类历史上前所未有的大规模冲突，不仅重塑了欧洲的政治版图，也深刻影响了无数个体的命运。在这场战争中，阿道夫·希特勒作为德国军队的一员，亲历了战争的残酷与民族的苦难。战争的硝烟尚未散尽，希特勒的内心却已被民族主义与极端主义的火焰所点燃。他的思想在战火与废墟中愈发坚定，对民族复兴的渴望与对失败的复仇心理交织在一起，形成了他日后政治理念的核心。

1919 年，战争尘埃落定，德国社会却陷入了混乱与不安。在这样的背景下，希特勒加入了一个名为"德国工人党"的边缘政治团体。凭借极具煽动性的演讲技巧和对权力的渴望，希特勒迅速在党内崭露头角，不久便成为该党的核心领导人。他以激进的民族主义和反犹太主义言论，吸引了一批忠实的追随者，这些人后来成为纳粹运动的中坚力量。

希特勒的政治崛起，并非偶然。他的演讲充满了激情与力量，能够触动听众内心深处的民族主义情绪。他利用德国民众对战后经济困境和凡尔赛条约的不满，将个人的野心与民族的命运紧密相连，逐步扩大了自己的政治影响力。

统治与暴政

1933 年，阿道夫·希特勒被任命为德国总理，达到了他政治生涯的顶峰。希特勒上台后，迅速采取了一系列政治策略，以巩固其权力基础。通过操纵选举、镇压反对派、控制媒体和教育，希特勒逐步将德国转变为一个极权主义国家。他的统治手段不仅包括暴力和恐吓，还有精心策划的宣传，这些手段共同作用，使他成为德国的绝对独裁者。

在希特勒的统治下，德国确实经历了一段时期的经济复苏。他通过大规模的公共工程计划、军事建设和重整军备，创造了就业机会，

▲奥斯威辛集中营

降低了失业率。然而，这些所谓的经济奇迹背后，是民主制度的瓦解、个人自由的剥夺和对人权的践踏。希特勒的统治以国家主义和种族主义为核心，对德国社会造成了深远的影响。

　　1941 年，希特勒发动了第二次世界大战，这场战争不仅在欧洲，也在全世界范围内造成了巨大的破坏和生命损失。战争期间，希特勒

▲印有希特勒头像的邮票

的纳粹政权实施了历史上最为残忍的种族灭绝政策。数百万犹太人、同性恋者、残疾人以及其他被纳粹视为"不纯"的群体遭到了无情的迫害和屠杀。这一暴行，成为人类历史上最黑暗的一页。

毁灭的回响

希特勒的一生最终以失败和自我毁灭告终。1945 年，随着盟军的逼近，他在柏林的地堡中自杀。希特勒的死亡标志着纳粹德国的终结，但他的行为和思想对人类历史产生了极端负面与恶劣的影响。

希特勒的独裁统治和第二次世界大战，给德国乃至全世界带来了深重的灾难。然而，这段历史也提醒着后人，要警惕极端主义和独裁统治的危害，捍卫民主、自由和人权。

福克纳：文学巨匠的传奇人生

威廉·福克纳（1897—1962），美国文学巨匠，以意识流文学闻名，深刻影响了美国文学的发展。他的作品以独特的叙事技巧和对人性的深刻探讨著称。福克纳于 1949 年获诺贝尔文学奖，成为美国文学史上最具影响力的作家之一。

命运的交织

福克纳生于 1897 年 9 月 25 日，出身名门望族，全名威廉·卡斯伯特·福克纳。

少年时期的福克纳便已经开始阅读莎士比亚、狄更斯、巴尔扎克、康拉德等人的作品，展现出对文学的浓厚兴趣。这些阅读经历为他日后的文学创作打下了坚实的基础。青年时期的福克纳梦想成为一名军人。然而，命运却给他开了一个玩笑。"一战"期间，他因种种原因而未能参军，这使他深感挫败和迷茫。然而，正是这段低谷期，让他更加坚定了投身文学的决心。

▲福克纳

磨砺与蜕变

1919 年，福克纳听从母亲的建议，踏入了密西西比大学的校园。同年，他的文字首次发在《密西西比人》，是一篇名为《幸运着陆》的短篇小说和一些模仿性的诗，让大家看到了这位年轻作家的文学才华。

1921 年，福克纳在纽约的一家书店找到了一份工作，这不仅为他提供了生计，更让他有机会沉浸在霍桑、马克·吐温、托尔斯泰等文学巨匠的作品中，汲取灵感。1922 年，他回到了密西西比，担任密西西比大学的邮政所所长。

1925 年，福克纳踏上了前往欧洲的旅程，他的足迹遍布巴黎和伦敦。在巴黎，他有幸遇见了文学巨匠詹姆斯·乔伊斯，但他们并未交谈。同年 12 月，他的首部长篇小说《士兵的报酬》正式出版，成为他文学生涯的一个重要里程碑。

1927 年，福克纳的第二部长篇小说《蚊群》问世，在国内获得了广泛的赞誉。紧接着，在 1928 年的春天，他开始着手创作关于康普生家族的第三部小说《黄昏》，这部作品就是后来的《喧哗与骚动》——福克纳的代表作。《喧哗与骚动》以独特的叙事技巧、鲜活的人物刻画和深刻的象征意义，展现了美国南方社会的复杂性和人性的挣扎。这部作品使福克纳一举成名，成为美国现代主义文学的杰出代表。

此后的岁月里，福克纳笔耕不辍，创作出了《我弥留之际》《押沙龙，押沙龙！》等一系列脍炙人口的作品。他以独特的文学风格和深刻的社会洞察力，赢得了广泛的赞誉和认可。

永恒的魅力

福克纳的作品之所以具有永恒的魅力，不仅在于其独特的文学风格，更在于其深刻的思想内涵和人文关怀。他的作品常常以美国南方为背景，通过描绘普通人的命运和生活，展现了社会的复杂性和人性的多面性。他笔下的人物形象鲜明、生动，他们的喜怒哀乐、悲欢离合都牵动着读者的心弦。

福克纳的作品不仅深受读者的喜爱，也赢得了文学界的广泛赞誉。他先后获得了普利策奖、诺贝尔文学奖等殊荣，成为美国文学史上最具影响力的作家之一。

威廉·福克纳不仅以文学成就闻名，还以慷慨精神受到尊敬。他将诺贝尔奖的部分奖金用来创立"福克纳小说奖"，以此激励和扶持年轻的小说创作者。同时，他还将另一部分奖金捐赠给了密西西比州的牛津银行，专门用来援助当地的非洲裔美国教师，展现了他对教育和平等的深切关怀。

海明威：冰山下的火焰

　　海明威（1899—1961），美国文学巨匠，以简洁有力的文风和深刻的战争描写著称，被认为是 20 世纪最著名的小说家之一。他的作品如《老人与海》和《战争与和平》等，展现了人类坚韧不拔的精神和对生命的深刻思考。

冰山初露

　　欧内斯特·米勒尔·海明威出生于美国伊利诺伊州的奥克帕克。他在密歇根州的瓦隆湖边度过了童年，小时候的他喜欢读图画书和听各种类型的故事，为他日后的文学创作提供了无尽的灵感。

　　高中毕业后，海明威拒绝入读大学，以 18 岁的年龄加入了颇具声望的《堪城星报》，开始了他的记者生涯，并在那里接受了六个月的写作训练。

　　1918 年，尽管父亲反对，海明威还是辞去了记者职位，决心加入军队，亲身体验第一次世界大战的战火。虽然视力问题导致他未能通过军队的体检，但他最终作为红十字会的救护车司机，参与了战场救援，目睹了战争的惨烈与残酷。他多次身临险境，甚至身负重伤，但

▲海明威

这些经历却成为他日后写作的宝贵素材。

1920 年，海明威在《多伦多星报》找到了工作，成为一名自由撰稿人、记者以及海外特派员，继续他的写作和报道生涯。

火焰燃烧

1926 年，海明威推出了自己的首部长篇小说《太阳照常升起》，这部小说深刻描绘了一群在第一次世界大战后的欧洲徘徊不定的美国青年，他们被称为"失落的一代"。正是这部作品，让海明威那简洁、直接、充满力量的写作风格开始受到关注和赞赏。

1940 年，海明威发表了《丧钟为谁而鸣》，这部小说以西班牙内战为背景，不仅展示了战争的无情与残酷，更深刻地揭示了在黑暗中人性的光辉与尊严。这部作品进一步巩固了海明威在文学界的地位。

1952 年，海明威的《老人与海》问世，这部讲述老渔夫与大海进行顽强搏斗的短篇小说，以深邃的主题和精湛的文笔，为海明威赢得了普利策奖和诺贝尔文学奖的双重荣誉。

海明威的写作超越了文字的简单堆砌，他通过文字深刻洞察生活，探索人性。他提出的"冰山理论"，即在作品中只展示事物的一小部分，而让读者去揣摩其更深层次的含义，不仅成为他个人作品的风格标志，也对现代文学产生了深远的影响，成为现代主义文学的一个重要里程碑。通过这种独特的叙事技巧，海明威引导读者参与到作品的解读中，使得每部作品都具有了开放性和多义性，丰富了文学的内涵与外延。

余烬中的沉思

海明威的晚年并不平静。他的身体每况愈下，精神上也饱受折磨。1961 年 7 月 2 日，海明威在爱达荷州的家中用猎枪结束了自己的生命。他的去世，不仅是个人的悲剧，也是文学界的巨大损失。然而，海明威给世界留下了很多宝贵的遗产。他的作品，他的精神，他对生活的态度，都深深地影响了后来的作家和读者。

弗里达：画布上的生命之歌

弗里达·卡罗（1907—1954），墨西哥著名女画家，以其自画像和充满力量的艺术创作闻名于世。弗里达的艺术成就不仅在于她的绘画技巧，更在于她将个人经历转化为普遍情感的能力。她的画作对性别、身份和艺术表现的探索，为她赢得了广泛的赞誉和尊敬，成为20世纪艺术史上不可忽视的重要人物。

疼痛与坚韧的交织

1907年，弗里达生于墨西哥城南部的科约阿坎街区。

六岁时，弗里达不幸患上了小儿麻痹症，这使得她的右腿比左腿细小，让她在行走时显得有些蹒跚。但弗里达并没有被疾病击倒，依然是一个天不怕、地不怕的女孩子。父亲对于她的教育有着开明的理念，1922年时将她送进墨西哥最好的一所预备学校，当时这所学校才刚刚开始招收女生。

然而，更大的打击还在后面。1925年，一场严重的车祸差点夺走弗里达的生命。她的身体受到了严重的伤害，包括一根脊柱断裂、颈椎碎裂、一只脚被压碎，并且一生都要与痛苦为伴。这场车祸成为她

人生中的重要转折点，她开始用画笔来记录自己的痛苦和挣扎。

画布上的生命之舞

　　正是这场灾难，激发了弗里达将个人的痛苦和挣扎转化为艺术创作的灵感。她以坚韧不拔的毅力和非凡的艺术才华，将自己的遭遇和感受倾注到了画布上，创作出了一系列充满生命力和情感的作品。

　　在弗里达的一生中，爱情始终是她生命中不可或缺的一部分。她与墨西哥壁画大师迭戈·里维拉的恋情更是成为艺术史上的一段佳话。他们的爱情充满了激情和冲突，但也正是这些冲突和矛盾，让他们的爱情更加真实和深刻。

　　《两个弗里达》是弗里达与里维拉离婚后不久创作的，在这幅画中，弗里达画了两个自己，一个穿着欧式风格的服装，另一个穿着传统的墨西哥服装，分别代表了她的欧洲血统和墨西哥血统。两个弗里达手牵手，心脏被一根动脉相连，显示了她们的紧密联系。身穿欧式服装的弗里达手拿剪刀，心脏只有一半，可以清晰地看到被剪断的静脉还在流血；而另一个弗里达身着传统服装，拥有一颗完整的心脏，手中握着里维拉的画像，画像连在一根血管上。这幅画通常被解读为弗里达对自己双重身份的探索，以及她与迭戈·里维拉关系的象征。

　　1944年，弗里达·卡罗的健康状况已经到了一个令人绝望的低谷。随着她的身体逐渐被疾病侵蚀，她的内心世界也在她的自画像中显露出一种冰冷和绝望。《破裂的脊柱》这幅画，便是她用画笔对自己痛苦

▲〔墨西哥〕弗里达·卡罗《两个佛里达》

挣扎的记录。

画中的弗里达，全身上下被钢钉穿透，这不仅是她肉体上的痛苦，也是她精神上的折磨。弗里达通过她的绘画，用强烈的视觉语言来表达她内心的孤独和无助。她将自己变成了一个旁观者，用残余的生命力，冷静地观察着命运对她的残酷打击。通过这幅画，我们能够感受到一个艺术家在面对生命最艰难的时刻时，所展现出的惊人勇气和不屈不挠的精神。

弗里达将自己的经历和感受倾注到画布上。她的画作，以鲜艳的色彩、独特的风格和深刻的情感表达而著称。她的每一幅自画像都是一首关于生命、爱情和痛苦的诗歌。

波洛克：滴落的宇宙

　　杰克逊·波洛克（1912—1956），美国抽象表现主义的杰出代表，以突破性的滴画技术在全球艺术界享有盛誉。他的画作打破了传统绘画的界限，通过在水平或垂直于地面的画布上滴洒颜料，创造出独树一帜的视觉艺术风格。

艺术觉醒

　　杰克逊·波洛克于1912年出生于美国怀俄明州。他成长于一个充满爱的家庭，尽管家庭经济条件并不富裕，但父母对他的艺术兴趣给予了极大的支持。波洛克从小就表现出对绘画的浓厚兴趣，经常在任何可用的纸张上涂鸦。

　　在家庭搬迁至洛杉矶后，波洛克的艺术天赋得到了进一步培养。他开始在当地的艺术学校学习，并迅速展现出对绘画的敏感和才华。之后，家庭再次搬迁到纽约，这座城市的繁华和多元文化为他的艺术视野带来了新的拓展。在纽约，波洛克得到了艺术资助，并开始在艺术学生联盟接受更为正规的训练。

▲波洛克

艺术探索与滴画技术的诞生

20 世纪 30 年代，波洛克的艺术生涯逐渐步入正轨。他受到了墨西哥壁画运动的启发，这些壁画的宏大场面和政治主题对他的艺术观念产生了深远的影响。同时，他也受到了欧洲超现实主义的影响，开始尝试"自动"绘画，让无意识的"流动"引导画笔。

1943 年，波洛克的职业生涯迎来了第一个突破，他在纽约的首次个展取得了成功，这标志着他作为一名严肃艺术家的地位得到了认可。但真正改变波洛克艺术轨迹的是他在 20 世纪 40 年代中期发展出的滴画技术。这种技术使他能够摆脱画笔，直接用棍子、刀片或其他工具将颜料滴洒或泼溅在画布上，创造出一种全新的绘画形式。

艺术贡献

波洛克的滴画作品以强烈的动感、丰富的色彩和自由的形式而著称。他的代表作《蓝柱》和《秋天的韵律》等，展现了他对色彩和线条的独特理解。这些作品不仅是波洛克情感的直接表达，也是他对抽象表现主义艺术的深刻探索。

《蓝柱》创作于 1952 年，是波洛克晚期的代表作之一。画面中的蓝色线条和形状，如同自然界中的闪电和风暴，充满了动态能量和自由。这幅画体现了波洛克对混乱与秩序的巧妙平衡，以及他对抽象艺

▲〔美〕波洛克《茶杯》

术的深刻理解。

《秋天的韵律》则是波洛克 1950 年的作品,以复杂的线条和丰富的色彩层次,展现了秋天的丰富景象。这幅画中的线条交织和色彩变化,不仅体现了波洛克对自然的感受,也反映了他对生命节奏的深刻体验。

波洛克的艺术贡献不仅在于他创造了一种新的绘画技术,更在于他推动了抽象表现主义艺术的发展,为后来的艺术家提供了无限的灵感和可能性。他的滴画技术打破了传统绘画的界限,为艺术表达提供了更广阔的空间。

尽管波洛克在艺术上取得了巨大的成功,但他的个人生活却充满了挣扎和痛苦。长期的酗酒问题严重影响了他的健康和创作。1956 年,波洛克在一场车祸中不幸去世,年仅 44 岁。他的去世是艺术界的巨大损失,但他的作品和精神遗产继续影响着世界。

波洛克的艺术生涯虽然短暂,但他留下的作品和对艺术的贡献是永恒的。他被誉为 20 世纪最重要的艺术家之一,他的作品在世界各地的博物馆和画廊展出,被无数艺术爱好者和专业人士所敬仰。